질문하는 힘

질문하는 힘
Power of Questioning

권귀헌 지음

저자 / 권귀헌

2003년 육군사관학교를 졸업하고, 2009년 서울대학교에서 교육학 석사학위를 받았다. 2011년부터 4년 동안 국방어학원 한국어학과장과 처장을 역임하며 외국 장교들에게 우리나라의 말과 문화를 강의했다.

2009년 서울대학교에서 과학자의 전문성 발달과정 연구의 일환으로 한국의 위대한 과학자 31명을 대면 인터뷰 및 심층 연구하면서 '질문하는 힘'의 중요성을 깨닫고 삶의 행로를 바꾸게 되었다.

일상의 사소한 질문부터 인생의 중요한 질문까지, 내 삶을 바꾸는 '질문하는 힘'은 어떻게 키울 수 있을까? 그는 3년의 준비 끝에 이 책을 집필했다. 저서로는『세계를 이끄는 한국의 최고 과학자들』, 『삶에 행복을 주는 시기적절한 질문』,『포기하는 힘』 등이 있다.

질문하는 힘

1쇄 발행 2015년 3월 30일
2쇄 발행 2016년 8월 18일

지은이 권귀헌
펴낸이 유해룡
펴낸곳 (주)스마트북스
출판등록 2010년 3월 5일 | 제313-2011-44호
주소 서울시 마포구 성미산로 84 (성산동) 월드PGA빌딩 4층
편집전화 02)337-7800 | **영업전화** 02)337-7810 | **팩스** 02)337-7811 | **홈페이지** www.smartbooks21.com

편집 이단비 | **마케팅** 윤영민 | **일러스트** 레인보우파스텔(김영곤) | **북디자인·전산편집** 서가기획

원고 투고 : smartbooks1@naver.com

ISBN 979-11-85541-07-5   13320

copyright ⓒ 권귀헌, 2015
이 책은 저작권법에 따라 보호받는 저작물이므로 무단 전재와 무단 복제를 금합니다.
Published by SmartBooks, Inc. Printed in Korea

사랑하는 아내와
나의 아들 현오, 성오, 민오에게
이 책을 바칩니다.

머리말

답이 아닌 질문을 찾아라

이야기를 시작하기 전에, 간단한 산수 문제를 살펴보자.

$8 + \square = 10$

$\square + \square = 10$

첫 번째 문제의 답은 누가 봐도 2뿐이다. 그러나 두 번째 문제의 답은 1과 9, 2와 8, 3과 7 등 한 가지만이 아니다. 이 예는 EBS 다큐멘터리 「정답을 강요하는 사회」에 나왔던 우리나라와 스웨덴의 초등학교 산수 문제 예문이다. 첫 번째 문제는 우리나라, 두 번째 문제는 스웨덴의 것이다. 간단한 산수 예문만으로도 두 나라의 인식 차이를 알 수 있다. 우리나라에서 문제는 오직 하나의 정답을 찾는 과정이지만, 스웨덴에서는 여러 가지의 경우를 탐색하는 과정이다.

   우리나라 사람들은 모든 문제에 꼭 들어맞는 단 하나의 답이 있다고 믿고, 이를 '정답'이라고 한다. 우리는 어릴 때부터 정답만을 찾도록 학교에서 훈련받고, 집에서는 문제를 풀고 문제집 맨 끝에 달려 있는 해답과 맞춰본 후 자신이 얼마나 많이 아는지 점검한다. 문제에 꼭 들어맞는 정답을 최단 시간 내로 찾아내는 것은 우리나라 사람들이 가장 잘할 수 있고 또 가장 잘해야 하는 일이었다.

어른이 된 지금도 상황은 크게 다르지 않을 것이다. 시험이라는 형태로 치르지 않을 뿐, 여전히 눈앞에 놓인 수많은 골칫거리를 해결해줄 정답을 찾고 있다.

안타까운 사실은 이런 관점을 자라나는 아이들에게도 가르치고 있다는 점이다. 우리 사회에서 아이들이 스스로 해답을 찾도록 기다려주는 어른은 거의 없다. 반면 자신이 알고 있고 가장 적당한 답을 마치 정답인 양 외우게끔 강요하는 어른들은 너무 많다.

앞에서 언급한 다큐멘터리 「정답을 강요하는 사회」에서 아이들은 하나의 정답만을 찾는 우리의 교육현장이 문제라고 지적했다. 그러나 제작진이 자신이 선생님이라면 어떤 문제를 내겠느냐고 묻자, 정작 아이들은 모두 한국식의 수학 문제를 내겠다고 대답했다.

머리는 다양성, 융합, 창조를 원하지만 몸은 이미 하나의 정답을 찾는 데 길들여진 것이다. 아직은 깨어 있고 변화해야 할 아이들마저 이미 하나의 정답을 찾는 어른들에게 길들여진 것은 아닌지 안타까울 뿐이다.

변화는 질문에서 출발한다

세상은 점점 복잡해지고 빠르게 변한다. 성공은커녕 이런 세상에 발맞추어 현재의 삶을 유지하는 것만으로도 벅찰 정도다. 그래서 문제 상황과 마주치면 어떻게 해야 할지 당황스럽다.

그래서 우리는 누군가가 정답을 가르쳐주길 바란다. 사실 삶에는 정답이 없다. 이런 상황에서 필요한 것은 '정답'이 아닌 '해답'이다. 오히려 있지도 않은 정답을 찾아 헤매는 것은 어리석은 짓이다.

해답은 스웨덴식 문제처럼 가능성을 열어두는 좋은 질문에서 나온다. 좋은 질문은 문제의 핵심을 건드리고, 새로운 가능성을 보여주며, 미처 몰랐던 잠재력을 일깨워 준다.

어제 아무런 질문도 하지 않았다면 오늘부터라도 질문을 시작하라. 오늘의 질문이 내일을 만들 것이다. 정답을 구하고 찾고 말하느라 애쓴 지난날은 잊어버리자. 적극적이고 주도적으로 삶을 살고 싶다면 어제와는 다른 질문을 해야 한다.

제대로 된 질문만으로도 당신의 하루는 달라질 수 있다. 작은 질문 하나가 인간관계를 바꿀 수 있고 직장생활과 가정, 내 삶을 변화시킬 수 있다.

  이 책은 우리가 스스로에게 던지는 질문에 관해 이야기할 것이다. 변화는 자기 자신에게 던지는 끝없는 질문으로부터 시작된다. 특히 책의 핵심이라고 할 수 있는 윈(WIN)이라는 키워드는 정답만을 찾던 습성을 버리고 질문의 가치와 힘을 발견하여 어제보다 나은 오늘, 오늘보다 설레는 내일을 만드는 마중물이 되어줄 것이다.

  이 책이 험난한 삶의 항해에 조금이라도 도움이 되기를 바란다.

2015년 3월 권귀헌

차 례

머리말—답이 아닌 질문을 찾아라 / 6

1장 질문 없는 사회

질문은 어디로 갔는가? / 14
오바마의 질문 | 소피스트의 궤변과 소크라테스의 산파술 | 왜 질문이 사라졌는가?

질문이 사라지면 무엇이 남는가? / 22
과연 내게 적합한 자리인가? | 애빌린 패러독스 | 질문은 소통의 출발점이다 | 유행인가? 패러다임인가?

[인생을 변화시키는 스마트한 질문] 지금 일자리는 나에게 적합한가? / 38

질문은 왜 사라졌을까? / 40
무작정 받아들일 것인가? | 강력한 논리에 반기를 들어라 | 효율적인 것이 효과적일까? | 빠르다고 좋은 것일까? | 공부는 암기가 아니다

2장 왜 질문해야 하는가?

우리의 삶에서 질문은 무엇인가? / 56
질문은 본능이다 | 모든 선택은 질문에서 출발한다 | 질문이 오늘을 만들고 내일을 결정한다 | 정답은 하나가 아니다

[인생을 변화시키는 스마트한 질문] 대화의 주도권을 잡는 질문 / 64

왜 질문 본능을 되찾아야 하는가? / 65
마중물 | 무엇을 하고 싶은지 질문하라 | 맥킨지 회장이 한국을 선택한 이유 | 브랜드와 전통의 탄생

[인생을 변화시키는 스마트한 질문] 나는 이유 지향형인가, 목적 지향형인가? / 78

제대로 된 질문을 해야 하는 이유 / 80
황제들의 약점 | 한끗 차이 | 남다른 질문이 남다른 답을 준다 | 나무에서 떨어진 베테랑 | 안전하지 않다는 것을 증명할 수 있는가?
[인생을 변화시키는 스마트한 질문] 질문의 관점을 디자인하라 / 95

지금 당장 해야 할 일은 무엇인가? / 97
아브라카다브라 | 아날로그 방식으로 질문하라
[인생을 변화시키는 스마트한 질문] 나에게 성공은 무엇인가? / 102

3장 나를 되찾는 질문, 윈WIN

윈WIN은 무엇인가? / 108
진정한 성공 | 부자가 되는 것 vs 부자로 사는 것 | 윈이라는 주문 | 왜? | 만약에 | 왜 안 돼?
[인생을 변화시키는 스마트한 질문] 윈의 실제 / 128
영업 실적이 저조한 영업사원이 스스로에게 던지는 윈 / 128

성공의 핵심 요소는 질문으로 잡아라 / 131
0.2%의 유대인이 세계를 평정한 이유 | 1% vs 99% | 새로운 아이디어를 찾는 질문 | 인생의 주도권을 잡아라 | 존 스컬리를 유혹한 질문의 힘 | 전진의 법칙
[인생을 변화시키는 스마트한 질문] 언제, 어떤 질문이 필요한가? / 147

어떻게 윈할 것인가? / 150
내가 가는 길부터 돌아보라 | 경험에서 의미를 발견하라 | 시장점유율의 비밀 | 왜? 왜? 왜? | 가슴 뛰는 하나의 목표를 찾아라
[인생을 변화시키는 스마트한 질문] 에너지의 집중도 알아보기 / 165
조건을 바꿔 생각해 보라 | 현실적 가정과 혁신적 가정 | 두려움의 실체를 파헤쳐라 | 자신을 몰아붙여라 | 틀린 답은 기록하라
[인생을 변화시키는 스마트한 질문] 단 하나의 목표 찾기 / 181

질문 본능은 어떻게 유지하는가? / 183
성취를 성공으로 착각하지 마라 | 목적과 목표를 구분하라 | 반대를 감수하라 |
불가능을 생각하는 순간 실패는 시작된다 | 미루지 마라

4장 인생을 바꾸는 '원' 질문

질문하기 전에 고려할 점들 / 196
상대방의 경계심을 풀어라 | 질문을 잘하려면 힘을 빼라 | 답을 주겠다는 생각을 버려라
[인생을 변화시키는 스마트한 질문] 소중한 사람에게 질문을 선물할 때 주의할 점 / 202

가장 소중한 사람, 가족에게 / 203
꿈이 뭐야? | 우리는 서로에게 어떤 존재인가?
[인생을 변화시키는 스마트한 질문] 과연 일과 삶의 균형을 맞추고 있는가? / 209

영원히 비빌 언덕, 친구에게 / 211
죽을 때 무엇을 남길 것인가? | 추억할 것인가, 아쉬워할 것인가?

높을수록 외롭다, 상사에게 / 215
이런 의도로 시키신 게 맞습니까? | 요즘 많이 힘드시죠?

방황하는 영혼, 익명의 당신에게 / 219
당신은 뭐라고 답할 겁니까? | 왜 직접 물어보지 않습니까?
[인생을 변화시키는 스마트한 질문] 반드시 버려야 할 일 / 224

맺는 말―질문하라, 질문은 공짜다 / 226

부록

나를 변화시키는 스마트한 질문 / 230
멘토가 되어줄 책 / 234

참고문헌 / 238

1장

질문 없는 사회

질문은 어디로 갔는가?

 **오바마의 질문**

오바마 한국 기자들에게 질문하게 해드리고 싶군요. 정말 훌륭하게 개최국 역할을 해주셨으니까요.

(정적)

오바마 누구 없나요?

(정적)

오바마 한국어로 질문하면 아마도 통역이 필요할 겁니다. 사실 통역이 꼭 필요할 겁니다.

(웃음)

(이때 기자 한 명이 손을 들었고, 오바마의 허락을 받아 질문을 던졌다.)

중국 기자 실망시켜드려 죄송하지만 저는 중국 기자입니다. 제가 아시아를 대표해서 질문해도 될까요?

오바마 저는 한국 기자에게 질문을 요청했습니다. 그래서 제 생각에는……

중국 기자 한국 기자들에게 제가 대신 질문해도 되는지 물어보면 어떨까요?

오바마 그것은 한국 기자가 질문하고 싶은지에 따라 결정되겠네요. 없나요? 아무도 없나요?

(정적)

출처: EBS 다큐프라임, 「왜 우리는 대학에 가는가」 5부, '말문을 터라'

2010년 9월, 서울에서 개최된 G20 정상회의 폐막식에서 연설을 마친 오바마 대통령은 개최국에 대한 배려 차원에서 한국 기자들에게 질문의 기회를 주었다. 그러나 그의 기대와는 달리 중국 기자가 질문을 던졌고, 그는 당황했다. 당시 미국은 중국과 환율 문제로 대립하고 있었으니, 어떻게든 중국 기자의 질문은 피하고 싶었을 것이다. 그러나 오바마의 속을 모르는지 한국 기자들은 묵묵부답이었다.

이 일은 많은 사람들의 입에 오르내렸고, 어떤 사람들은 질문도 못하는 한국 기자들이 G20 개최국의 명예를 손상시켰다고 비판했다.

기자들도 할 말은 있다. G20 정상회의 폐막 연설에서 질문을 받는 경우는 거의 없다. 게다가 질문 기회가 있다는 안내가 사전에 공지되지 않았으니 질문을 준비하지 않았을 것이다. 그런 상황에, 전 세계가 지켜보고 있는 자리에서 준비 없이 질문하는 것은 참으로 부담스러운 일이었을 터였다.

질문을 준비했더라도 손을 들고 질문하는 데는 큰 용기가 필요한 법인데, 하물며 준비가 안 된 상태였다면 얼마나 당혹스러웠을지 충분히 짐작할 수 있다. 운 좋게도 중국 기자의 머릿속에 조금 먼저 질문이 떠올랐을 뿐인지도 모른다.

그러나 이 일은 과연 우리 사회에 질문이 있는지 다시 한 번 생각하는 좋은 기회가 되었다. 도대체 질문은 어디로 간 것일까? 이유가 어찌 되었든 간에, 오바마가 끈질기게 요청했는네도 한국 기자들은 질문하지 않았고, 이는 우리의 의식 수준마저 의심하게 만들었다.

도대체 질문은 어디로 사라진 것일까?

소피스트의 궤변과 소크라테스의 산파술

그리스 철학자인 소크라테스는 아직도 권장도서 목록에서 그의 책이 빠지지 않을 정도로 잘 알려져 있다. 그가 널리 알려지게 된 것은 플라톤이라는 후학의 덕이 크지만, 그의 독특한 교수법 때문이기도 하다.

소크라테스는 산파가 아이를 낳을 때 산모를 돕듯, 스승은 제자들이 진리를 깨닫게끔 산파의 역할을 해주어야 한다고 생각했다. 아이를 낳는 사람은 산모이고 산파는 보조할 뿐이듯, 스승은 제자에게 정해진 답을 알려주는 것이 아니라 제자들이 스스로 깨닫도록 '질문'을 던져야 한다는 것이다. 이를 산파술이라고 한다.

그런데 당시 지식층이던 소피스트들은 모호한 추측을 진리인 양 떠들고 다녔고 궤변으로 대중을 혼란시켰다. 그렇다면 소피스트의 궤변과 소크라테스의 산파술이 어떻게 다른지 살펴보자.

 **소피스트** 당신은 노을이 아름답다고 생각합니까?

제자 네.

소피스트 왜 노을이 아름답지요?

제자 정열적인 붉은색과 변화무쌍함 때문이지요.

소피스트 정열적인 붉은색과 변화무쌍함이 아름다운 이유는 무엇일까요? 다친 사람이 흘리는 피는 붉지만 끔찍하잖아요. 게다가 노을이 지는 강가에서 사랑하는 사람을 잃게 된다면 더 이상 노을이 아름답게 여겨지지 않을 텐데요. 그런데도 노을이 아름답다고 생각하나요?

제자 아니오.

이렇듯 소피스트는 대화를 전적으로 주도하며 상대방이 자신의 의견에 수긍하게 만든다. 이번에는 소크라테스의 대화법을 살펴보자.

소크라테스 당신은 노을이 아름답다고 생각합니까?

제자 네.

소크라테스 왜 노을이 아름답지요?

제자 정열적인 붉은색과 변화무쌍함 때문이지요.

소크라테스 그렇다면 정열적인 붉은색과 변화무쌍함이 왜 아름다울까요?

제자 붉은색은 살아 있다는 느낌을 주니까요.

소크라테스 하지만 피의 붉은색은 기분 나쁘잖아요. 게다가 다친 사람이 흘리는 피는 죽음을 느끼게 하는데요. 모순이지 않은가요?

제자 그렇다면 매번 볼 때마다 바뀌는 변화무쌍함이 지루하지 않아서요.

소크라테스 그렇지만 아름다운 명화는 볼 때마다 바뀌지 않지만 지루하지 않잖아요. 모순이지 않은가요?

제자 ······.

소크라테스 정리해보면, 노을의 아름다움 자체는 분명히 느끼지만 그 내용에 대해서는 막연하게 생각한 거네요. 왜 노을의 정열적인 붉은색과 변화무쌍함이 아름다운지 다시 한 번 생각해보겠어요?

이렇듯, 산파술은 소피스트의 궤변처럼 말싸움에서 이기고 절대적인 진리를 부정하게 하는 것이 목적이 아니다. 다만 상대방이 진리를 좀 더 명확히 정리할 수 있게 해준다. 즉, 산파술은 정답을 제시하는 것이 아니라 상대방이 주체가 되어 스스로 답변을 끌어내게 하는 것이다.

소크라테스는 거듭되는 질문을 통해 자기 자신부터 제대로 이해해야 한다는 깨달음을 얻었고, "내가 모른다는 사실만큼은 안다"라는 유명한 말을 남겼다. 자신의 무지를 인식하고 질문을 통해 진리를 깨닫기 위해 노력했던 것이다.

그로부터 2,400년이 지난 현재, 우리는 얼마나 달라졌을까? 자신이 알고 있는 것이 절대적인 진리라고 착각한 채, 그릇된 확신을 바탕으로 다른 사람의 의견은 무시하고 있지는 않은가?

왜 질문이 사라졌는가?

우리는 자기 자신에 대해서 얼마나 많이 알고 있는가? 왜 일을 하는지, 무엇을 위해 일을 하는지 이해하고 있을까? 자신의 장점과 단점이 무엇인지는 파악하고 있을까? 왜 살아가는지, 인생의 꿈이나 목적은 무엇인지 정확하게 알고 있어서 가족이나 친구에게 분명하게 설명할 수 있을까?

그렇다면 주변 사람에 대해서는 어떠한가? 가족이나 친구의 꿈이 무엇인지 알고 있는가? 사실 그런 경우는 많지 않다. 스스로 꿈이 무엇인지 말하지 않는 한 말이다.

그들이 진정으로 되고 싶은 것, 하고 싶은 것이 무엇인지 알고 싶다면, 관심을 가지고 관찰한다고 해서 알 수는 없으니 직접 물어봐야 한다.

그런데 우리는 질문하는 법을 잊어버린 것 같다. 게다가 눈에 보이는 것만을 정답이라고 믿으며 살아간다. 어릴 때는 부모와 선생님이 알려주는 답을 아무 의심도 하지 않고 받아들이게끔 교육받는다. 그래서 하고 싶은 일이 무엇인지도 깨닫지 못한 채 사춘기를 보낸다. 아무 의문도 없기 때문에 부모나 선생님이 정해준 진로대로 대학에 진학하거나 직장을 구한다. 그리고 궁금해한 적이 없었기 때문에 자신의 적성이 무엇인지도 모른 채 취업한다. 그저 튀지 않게 남들만큼만 하며 살라는 말을 듣고 자랐으니, 남들만큼만 살기 위해 발버둥친다.

직장에서도 주어진 일만 할 뿐, 모르거나 궁금한 것이 있어도 물어보지 않는다. 모른다는 말을 입 밖에 내면 스스로 무능하다고 인정하는 셈이라고 생각하기 때문이다. 상사가 아무리 개떡같이 말해도 찰떡같이 알아듣고 일을 해내야 한다. 무능한 상사는 살아남지만, 무능한 부하는 용납되지 않는다. 다만 욕심이 많으면 화를 부른다는 어른들의 말씀을 위안이자 핑계로 삼고, 현재의 상태를 유지하는 것이 자신의 분수를 알고 만족하는 길이라 믿는다.

이런 상황에 길들여진 나머지, 정답이 주어지지 않거나 정답을 찾지 못하면 불안해지기까지 한다. 무엇이 정답인지 알 수 없을 만큼 답은 여기저기 수도 없이 널려 있는데, 그중에 무엇이 쓸 만한 것인지 물어보는 사람은 아무도 없다. 왜 그런지, 어떤 과정을 통해 그런 결과가 나왔는지, 나에게 맞는 답은 무엇인지 물어보는 법을 모르기 때문이다.

누구나 어린 시절에는 쉴 새 없이 질문을 던졌다. 어릴 때는 궁금한 것이 생기면 주저 없이 "그건 뭐야? 왜 그런 거야?"라고 물어보았을 것이다. 때로는 호기심 때문에 사고도 쳤다. 그런데 지금은 어떠한가? 마지막으로 의미 있는 질문을 던진 적이 언제였는가? 과연 궁금한 것이 있으면 지나치지 않고 물어보거나 찾아보는가?

많은 사람이 지켜보고 있어서, 부담스러워서, 부끄러워서 질문을 하지 못한다는 것은 핑계일 뿐이다. G20 정상회의 폐막장뿐만 아니라, 단둘이 마주 앉은 카페에서든, 회의실에서든, 지금처럼 질문하는 방법을 모른다면 절대 입을 열지 못할 것이다.

그러니 선택할 수 있는 길은 정해져 있다. 지금처럼 아무것도 하지 않은 채 시간만 흘려보내든가, 질문하는 법을 배우고 질문을 던지기 시작하든가. 선택은 자신에게 달려 있다.

질문이 사라지면 무엇이 남는가?

과연 내게 적합한 자리인가?

직장에 다니는 사람이라면 하루에도 몇 번씩 퇴사를 생각할 때가 있을 것이다. 특히 상사가 자신을 우습게 보고 인격 모독을 서슴지 않는다든가, 제대로 업무도 지시하지 못하면서 자신만 몰아붙일 때는 더욱 그러하다. 봉급은 개미 눈물만큼 주고 복지도 엉망인데, 일마저 점점 재미가 없어진다면 그만두고 싶다는 생각이 굴뚝같아진다. 게다가 비전마저 없다면 회사를 때려치우고 다른 일을 하든가, 치킨집이라도 열어야 하나 심각하게 고민하게 된다.

한국경영자총협회의 자료에 따르면, 대졸 신입사원의 1년 내 퇴사율이 점점 높아지고 있다고 한다. 2010년에 15.7%였던 것이 2012년에는 23.6%, 2014년에는 25.2%로 증가했다. 10 대 1의 치열한 경쟁률을 뚫고 취업하는 영예를 누린 사람들이 1년도 되지 않아 회사를 그만두는 이유는 무엇일까?

최근 노동시장을 조사한 결과, 과잉 학력과 과잉 스펙이 노동시장에 부정적인 영향을 미치는 것으로 나타났다. 이는 학교에서 기업이 요구하는 기술이나 역량을 교육시키지 않는다는 뜻이기도 하다.

취업난이 심해지다 보니 취업하기 위해 따로 돈과 시간을 들여 스펙을 쌓아야 하고, 학교 공부와는 별개로 준비하다 보니 졸업하자마자 취업하기도 힘들어졌다. 해외로 어학연수를 가는 사람도 많고, 요즘에는 제2외국어는 필수가 되었다. 그런데 취업하기 위해 과하게 쌓은 스펙은 오히려 임금이나 일자리의 질이 상대적으로 낮게 느껴지게끔 부정적인 영향을 미친다.

어떤 전문가들은 평생직장이라는 인식이 사라진 상황에서 자유로운 분위기에서 자란 신입사원들이 수직적인 조직문화를 받아들이지 못하기 때문이라고 분석하기도 한다. 그러나 근본적인 원인은 따로 있지 않을까?

리더는 그 자리에 '적합한 사람'을 구해야 한다. 이 말은 짐 콜린스가 『좋은 기업을 넘어 위대한 기업으로』에서 위대한 기업과 훌륭한 CEO의 특징으로 언급한 것이다. 언뜻 보면 당연한 말처럼 보이지만, 그 자리에 '적합한 사람'을 구하는 것은 모든 조직의 리더라면 간절히 원할 만큼 결코 쉬운 일이 아니다.

그 자리에 '적합한 사람'은 스스로 동기를 부여하고 업무를 찾아서 한다. 그러니 리더는 어떤 인센티브를 주어야 그가 열심히 일할지 고민할 필요가 없다. '적합한 사람'은 아무리 어려운 상황에서도 일 자체를 즐긴다. 쉬는 날이면 회사에 출근하고 싶어 안달이 날 정도다. 그

자리에 '적합한 사람'은 일에 열정을 느끼며, 자신의 일을 생각하면 심장이 뜨거워진다. 그들은 일을 사랑하고, 다시 태어나도 지금의 일을 하고 싶다고 생각한다.

당신은 어떠한가? 출근해야 하는 월요일이 기다려지는가? 또는 일을 생각하면 힘이 솟아나는가? 새로운 프로젝트를 추진할 때 설레고 기쁜가? 그렇지 않다면, '적합하지 않은' 자리에 있는 것이다. 큰 실적은 기대도 할 수 없고, 개인적으로 행복한 삶을 누리기도 힘들다.

누구나 하고 싶은 일만 하면서 살 수는 없다고 항변하는 사람도 있을 것이다. 살다 보면 하기 싫은 일을 해야 할 때가 많다. 그러나 업으로 삼은 '일'만큼은 자신에게 '적합'해야 한다.

물론 적합한 일자리라고 해도 늘 즐겁고 기쁘지는 않으며, 힘들고 고통스러울 때도 있다. 그래도 일에서 열정, 에너지, 설렘을 느끼고 하기 싫은 순간보다는 하고 싶은 순간이 훨씬 많아야 한다. 사실 잠자는 시간을 빼면 하루의 절반 이상을 일하느라 보낸다. 그런데 그 일이 나와 맞지 않다면 인생의 절반을 잘못 쓰는 셈이지 않은가?

신입사원의 이직률이 높은 것은 그들이 적합하지 않은 자리에 있기 때문이다. 취업 준비생들은 자신이 어떤 사람인지, 무엇을 원하는지, 자신의 적성이 무엇인지도 모른 채 회사의 간판과 연봉만 보고 지원한다. 회사의 가치관과 비전이 자신과 맞는지 아닌지는 상관없다. 우선 회사에 들어가고 나면 다니면서 적당히 맞춰갈 수 있다고 생각하기 때문이다.

회사는 신입사원에게 적합한 자리를 찾아주어야 할 필요성을 느끼지 못한다. 어차피 들어오겠다는 사람은 줄을 서 있으니, 그 자리에 맞지 않는다면 다른 사람을 쓰면 그만이기 때문이다.

게다가 취업 준비생들은 어른들이 정해준 대로 무작정 대기업을 목표로 스펙을 쌓는다. 대기업에 들어가기 위해 자소서를 쓰는 법을 배우고, 스터디그룹에 참여한다. 그렇게 어렵사리 취업에 성공하면 삶이 잘 돌아갈 것이라고만 생각한다.

그런데 누구나 부러워하는 대기업에 들어가도 공허함과 후회만 밀려온다고 하는 사람이 많다. 자신이 무엇을 원하는지도 모른 채, 그저 상사가 시키는 대로 일을 하다 보면 소모되는 기분이다.

당신은 어떤가? 지금 하고 있는 일에 만족하는가? 기쁨과 보람을 느끼는가?

애빌린 패러독스

워싱턴대학의 제리 하비 교수는 『왜 아무도 No라고 말하지 않는가?』에서 다음과 같은 일화를 소개했다.

미국 텍사스 주. 섭씨 40도를 웃도는 무더운 일요일 날에 제리 하비와 그의 아내, 그리고 장인 장모는 선풍기 앞에서 더위가 빨리 가시기만을 기다리고 있었다. 그래서 TV 앞에서 얼음물을 들고 무기력하게 앉아 있을 뿐이었다. 그때 장인이 그들에게 애빌린에 다녀오자고 제안했다.

애빌린은 왕복 4시간은 걸릴 만큼 떨어져 있는 데다가 제대로 된 식당도 없고, 그나마 있는 가게도 아주 형편없었다. 그런데 무슨 생각에서인지 아내가 찬성하고 나섰다. 제리 하비는 분위기를 깨서는 안 될 것 같았다.

그래서 네 사람은 살인적인 더위에 에어컨도 나오지 않는 낡은 차에 올라탔다. 그리고 텍사스 서부의 모래 먼지를 뒤집어쓰면서 왕복 4시간이나 차를 타고 애빌린에 다녀왔다. 물론 형편없는 식당에서 형편없는 식사를 했을 뿐이었다. 게다가 돌아오는 길에 누구도 입을 열지 않았다. 가라앉은 분위기를 깨려고 제리 하비는 "오늘 외식 그런대로 괜찮았죠?"라고 물었다.

그러자 장모는 "솔직히 말해서 하나도 안 좋았어. 집에 있을걸 그랬어. 이 양반하고 너희들이 애빌린에 가고 싶어 해서 따라갔을 뿐이야. 모두들 가고 싶어 하지만 않았어도 안 갔을 텐데"라고 대꾸했다. 제리 하비는 장모의 말을 듣고는 발끈했다.

"모두라니 무슨 말씀이세요? 저야말로 가고 싶지 않았어요. 장인 장모님과 이 사람이 가고 싶어 하니까 할 수 없이 따라간 거라고요."

그러자 아내는 어처구니없다는 표정을 지었다.

"내 탓 하지 말아요. 당신하고 아빠 엄마가 가고 싶어 했잖아요. 나는 분위기를 깨지 않으려고 따라갔을 뿐이에요. 미쳤다고 이 더위에 그곳까지 갔겠어요?"

말하자면, 장인은 어색한 분위기를 깨려고 애빌린에 가자는 말을

애빌린 패러독스

자신도 모르게 내뱉었을 뿐이었다. 물론 장인도 애빌린에 가고 싶지 않았다. 아내 또한 애빌린에 가고 싶지 않았지만 아버지가 가고 싶어 한다고 생각했다. 제리 하비도 다른 사람이 가고 싶어 하니까 상대를 배려했던 것이다.

결국 제리 하비의 가족은 애빌린에 가고 싶었던 사람이 아무도 없었는데도 만장일치로 다녀온 셈이었다.

이처럼 자신의 생각이나 주관 없이 다른 사람도 그럴 것이라는 추측에 따라 다른 사람을 배려한답시고 어떤 행동이 이뤄지는 현상을 '애빌린 패러독스'라고 한다.

"모두가 '예'라고 말할 때 '아니오'라고 말하는 용기가 필요하다"는 광고가 유행한 적이 있었다. 남들과 생각이 다르다면 전체적인 분위기에

휩쓸리지 않고 자신의 생각을 말해야 한다는 것이었는데, 당시 예능 프로그램에서 수없이 패러디될 만큼 큰 파장을 일으켰다.

그런데 우리에게 그런 생각이 있는가? 돌아보면, 생각 자체가 없는 듯하다. 어떤 선택을 내릴 때도 스스로 판단하기보다는 전문가의 의견이나 주변의 충고, 인터넷의 정보 등에 의존하는 경우가 많다. 말로는 "인생의 주인공은 바로 나 자신"이라고 하지만 과연 실제로 그렇게 살고 있는지는 의심스럽다. 하다못해 작은 일조차 스스로 판단하고 결정하는 때가 없기 때문이다.

영국의 소설가이자 비평가인 조지 버나드 쇼는 "사람들은 1년에 2~3번도 생각이란 걸 하지 않지만, 나는 일주일에 1~2번의 생각만으로 세계적인 명성을 얻었다"고 말했다. 그가 말한 '생각'이란 대단하거나 철학적이거나 어려운 것이 아니다. 자신만의 생각을 스스로 하는 것일 뿐이다.

그러나 대개는 스스로 생각하지 않는다. 생김새나 환경, 일, 성격 등은 사람마다 모두 다른데 어떻게 생각은 하나같이 똑같은지 오히려 놀라울 지경이다.

학생들은 비슷한 장래희망을 이야기하고, 철따라 유행하는 대로 소비하며, 누구나 돈과 권력을 쫓는다. 그렇게 보면 조지 버나드 쇼의 말처럼 1년에 2~3번도 생각이란 걸 하지 않고 사는 듯하다.

자신만의 생각을 가져야 한다고 해서 독특하거나 거창한 아이디어를 가리키는 것이 아니다. 그보다는 삶에 대한 주관을 가져야 한다는 뜻이다. 자신만의 주관이 없다면 이 세상에 존재하는 이유가 없다. 주관이 없는 사람은 남들과 똑같은 생각을 가진 영혼이 그저 육체라는 껍데기를 쓰고 다니는 셈이다.

누구도 원치 않지만 아무도 반대하지 않는 상황, 자신의 마음이나 의사와는 상관없이 상대방의 기분이나 전체적인 분위기 때문에 자신의 생각을 표현하지 못하는 경우가 너무 많다. 그렇게 되면 아무도 원하지 않지만 주말에 캠핑을 가고, 가족 외식 때 누구도 원치 않는 메뉴를 먹는 일이 벌어진다. 서로 배려한다고 생각했지만 누구도 배려받지 못하는 상황이 되는 것이다.

자신의 삶이 이처럼 애빌린 패러독스의 연속은 아니었는지 생각해보자. 지나온 삶이 내가 아닌 다른 누군가의 생각에 따른 것이었다면 이제라도 바꿔야 한다. 남들이 말하고 생각하는 대로 따라갈 것이 아니라, 선택해야 하는 순간에는 소신껏 결정할 수 있는 주관을 지녀야 한다.

질문은 소통의 출발점이다

어버이날, 어린이날, 결혼기념일, 크리스마스, 명절 등 다른 사람에게 선물을 해야 하는 날이 되면 누구나 무엇을 살지 고민에 빠진다. 한 인터넷 쇼핑업체에서 2014년 4월 1일부터 28일까지 '5월 가정의 달 소비계획'에 대해 458명을 대상으로 설문 조사를 한 결과, 부모들이 '어버이날에 자녀에게 받고 싶은 선물' 1위는 효도 여행(38.4%)이었다. 반면 자식들이 부모에게 선물하려 생각한 것으로는 '건강 기기 및 식품'이 1위로 집계되었다. 그런데 부모들의 선호도는 비교적 낮았다(9.2%). 선물을 받는 사람과 주는 사람의 생각이 다르다는 것을 한눈에 알 수 있는 조사 결과였다. 서로의 관심사에 관심을 가지고 평소에 필요한 물건이 무엇인지 질문을 했다면 이렇게나 큰 차이가 나지는 않았을 것이다.

사람들 사이에서 소통의 출발점이 되는 질문이 사라지면 어떻게 될까? 가족이나 친구와 선물을 주고받는 수준의 문제가 아니라 많은 사람들이 모여 있는 조직에서라면 상황은 걷잡을 수 없이 나빠진다.

혁신적 사고, 창조적 비판, 사실에 근거한 데이터, 구성원의 솔직한 감정 표현은 조직이 목표를 달성하는 데 꼭 필요한 요소다. 이런 요소를 바탕으로 여러 가지 채널을 통해 조직을 구석구석 살펴야 성과를 만들어내고 문제를 해결할 수 있다. 그러나 질문이 사라진 조직에서는 반드시 해결해야 할 문제도 해결하지 못해서 곪아 터지곤 한다.

필자 역시 부서원이 되어 일하면서 경직된 조직에서 일하는 것이 얼마나 힘든지 절감했다. 리더로 일할 때는 경직된 조직을 변화시킬 수 있는 힘이 있었지만, 부서원일 때는 그런 여지가 없었다. 그런데 전혀 다른 상황과 위치에서 일해본 결과, 질문이 얼마나 중요하고 큰 힘을 지니고 있는지 깨달았다.

리더인 중대장으로 있었던 곳은 원래 구성원들 간에 소통이 전혀 없었다. 전임자의 불통 지휘 때문이었다. 그러다 보니 '시키는 일이나 잘하자'라는 소극적인 생각이 조직 전체에 퍼져 있었다. 이런 분위기에서는 제대로 무엇을 성취할 수도 없고, 구성원의 행복을 기대하기 어렵다고 생각했다. 그렇다면 리더인 필자부터 바뀌어야 했다.

그래서 필자는 구성원들에게 '질문'을 던지기 시작했다. 일방적으로 지시하기보다는, 어떤 일을 해야 할지, 어떤 일을 했으면 좋겠는지 알려달라며 질문을 던진 것이다.

왜 병사들이 식사 시간마다 숟가락을 들고 다니는지, 왜 휴가를 자신이 원하는 때에 가지 못하는지, 왜 훈련에 빠지는 병사가 많은지, 왜 정비복이 낡거나 부족한지, 이유를 물었다. 잘잘못을 따지자는 것이 아니었다. 다만 현 상황이 일어나게 된 과정을 알고 싶었다. 뿐만 아니라 가장 불편한 점은 무엇인지, 훈련 전에 무엇을 최우선적으로 해야 하는지, 본인이 중대장이 된다면 당장 무엇을 바꾸고 싶은지 등 병사들이 불편해하거나 원하는 것에 대해서도 질문을 던졌다.

질문은 일과 관련된 것만이 아니었다. 10년 후에는 무엇이 되고 싶은지, 전역하면 가장 하고 싶은 일이 무엇인지, 가을이 되면 무엇이 생각나는지 등 병사들의 감정과 생각을 물어보기도 했다.

필자가 이렇게 질문을 던져대는 통에 간부들은 일과 관련된 규정과 대책을 찾느라 분주해졌다. 시간이 어느 정도 흐르자, 병사들도 과연 무슨 소용이 있을까 반신반의하며 자신의 생각을 이야기하기 시작했다.

질문만 한 것은 아니었다. 병사들도 필자에게 질문을 던졌다. 어떤 내용이든 상관없이 질문하게 했고, 할 수 있는 한 성실히 답해주었다. 병사들이 보급품 교체가 언제 되는지 물으면, 관련 규정과 함께 인근 부대의 보급률이나 상태를 설명하고 어떻게 조치할지 계획을 알려주었다. 필자의 꿈이나 가족 이야기와 같이 개인적인 질문에도 성의껏 답했다. 이렇듯 질문을 던지고 대답하면서 소통이 시작되었다.

그렇게 받은 질문은 혼자만 알고 있는 것이 아니라 벽보로 정리해서 1주일간 게시했다. 병사들 모두와 함께 나누기 위해서였다. 필자가 근무한 18개월 동안 10번이나 벽보를 만들어서 붙여두었다.

시간이 지날수록 좋은 생각들이 더욱 많이 쏟아졌고, 일에 관련된 사항은 검토를 거쳐서 실제로 반영되기도 했다. 그랬더니 부대 분위기가 점점 밝아졌다. 전역한 병사들이나 인접 부대의 간부들은 우리 중대의 분위기가 많이 변했다고 이야기하곤 했다. 필자 스스로도 소통의 힘에 놀랐다.

그러나 가장 중요한 점은 자신의 목소리가 조직에 영향을 미칠 수 있다고 생각하게 되었다는 사실이다. 그런 생각은 개인을 바꾸고 더 나아가 중대를 바꾸었다. 사람은 누구나 다른 사람에 대해 궁금해하고, 자신의 이야기를 하고 싶어 하며, 서로에게 영향을 미치고 싶어 한다. 그리고 질문은 이런 일을 가능하게 한다.

그런데 중대장을 마치고 새로 부임한 곳에서는 질문을 할 수도, 들을 수도 없었다. 20명에 달하는 구성원들 모두 권위적인 상사의 눈치를 보기에도 바빴다. 그 상사는 아랫사람들을 끝까지 몰아붙이곤 해서 구성원들은 종종 서로를 달래며 힘든 마음을 추스르곤 했다.

매일 새벽 4시에 출근해서 그날 예정된 일을 끝내놓아야 했다. 그래야 8시부터 상사가 시시때때로 던져놓는 일을 처리할 수 있었다. 그렇게 1년을 보냈다. 물론 그렇게 일하면서 배운 점이 많았고 여러모로 성장할 수 있었다는 것도 사실이지만, 다시 하라면 할 수 없을 것 같다. 지금에야 웃으면서 그 시절을 추억하지만, 질문이 없는 조직에서 일하는 것이 얼마나 어렵고 힘든지 뼈저리게 느낀 시간이었다.

질문이 없는 조직에서는 소통이 없고, 목표를 달성하겠다는 동기 부여도 이루어지지 않는다. 그러니 구성원들은 자연스럽게 입 다물고 묵묵히 버티다가 떠날 날만 손꼽아 기다린다. 우리 사회의 많은 조직이 그러하다. 부하가 상사의 의도를 정확히 묻거나, 상사가 부하의 생각을 귀 기울여 듣는 경우는 드물기 때문이다.

일부 경영학자들은 대기업이 겪는 손실의 30%가 상사와 부하의 커뮤니케이션 부족으로 인한 갈등 때문이라고 말한다. 한 여론 조사 기관에서 설문 조사를 했는데, 응답자의 60%가 직장 내에서 의사소통이 원활하지 않다고 답했고, 그중 80%가 수직적인 조직문화와 대화의 부족을 그 원인으로 꼽았다.

그런 측면에서, '관리하지 않는 조직'을 만드는 구글의 기업 문화는 여러 가지로 시사하는 바가 크다. 구글에서는 직원을 관리하기에 적정한 인원으로 나눈 후 그 위에 팀장을 두는 일반적인 방법을 택하지 않는다. 오히려 많은 직원을 팀장 한 명이 관리하는 식이다.

그렇게 되면 한 명의 팀장이 관리해야 하는 팀원이 늘어나기 때문에 관리를 덜하게 되고 부하에게는 자율이 많이 주어진다. 그래서 부하는 자기가 하고 싶은 일에 열정을 쏟게 된다. 또한 개인에게 주어진 뚜렷한 과업이 없기 때문에 다른 팀의 프로젝트에도 자유로이 참여할 수 있다. 물론 이런 체제는 업무가 겹치거나 책임 소재가 모호해지는 단점도 있지만, 이러한 긴장과 갈등 속에서 지적 충돌이 일어나며 그것이 곧 생각하지도 못한 아이디어를 이끌어낸다는 것이 구글의 입장이다.

이런 조직문화에서는 소통하지 않을 수 없다. 겹치는 업무를 조정하고 책임 소재를 분명히 하기 위해서라도 구성원들끼리 질문하고 대답하게 된다. 게다가 구글은 자율을 강조하면서도 철저히 성과 위주의 시스템이므로, 본인 스스로 소통하고 가치를 창출해야 한다.

우리는 어떠한가? 구성원들의 속마음을 알아보겠다며 편지함을 만든다고 한들, 하루에 한 번씩 부하 직원을 불러들여 형식적인 상담을 한들, 소통은 이루어지지 않는다. 소통은 절차와 방법만으로 되는 것이 아니다. 소통은 시스템이나 방법보다는 소통하겠다는 마음가짐과 철학에서 비롯되기 때문이다. 그리고 질문은 소통을 위한 출발점이 된다.

유행인가? 패러다임인가?

한 시대 사람들의 견해나 사고를 근본적으로 규정하고 있는 인식의 체계, 또는 사물에 대한 이론적인 틀이나 체계를 패러다임이라고 한다. 민주주의나 공산주의처럼 이상적이라고 여겨지는 생각이나 견해인 이념보다는 좀 더 작은 규모의 개념을 패러다임이라고 보면 된다. 한편, 유행은 일시적으로 특정한 행동이나 사상이 널리 퍼진 것이다.

사람은 이념과 패러다임을 바탕으로 삶을 그려나간다. 그래서 이념과 패러다임이 바뀌면 삶의 색깔이 바뀌기도 한다. 사회의 구성원으로 살아가려면 이념이나 패러다임의 영향력을 무시할 수 없다. 예를 들어 지식 근로자의 가치가 높아지면 대학 진학률이 높아지고, 노동에 대한 패러다임이 변하면 교육, 사회, 문화 등이 크게 변한다.

그런데 현대인은 대부분 이념이나 패러다임을 신경 쓰지 않는다. 자신의 힘으로는 영향이 미치지 않을 뿐 아니라 너무 멀게만 느껴지기 때문이다. 그래서 조금만 신경 쓰면 따라잡을 수 있는 유행에 훨씬 민감해진다.

문제는 취미나 특기는 물론 진학, 취업, 결혼, 출산 같은 중요한 인생사를 결정하면서도 유행을 따른다는 것이다. 요즘은 유행에 지나치게 민감해져서, 유행을 이념이나 패러다임쯤으로 착각하는 사람도 있을 정도다.

그러나 유행은 생명력이 길지 않아 곧 사라진다. 요즘에는 상품이나 서비스 공급자가 유행을 만들어내기도 하므로, 막연히 유행만 좇다가는 시간과 돈만 낭비할 수 있다.

　무작정 유행을 따르는 것이 위험한 가장 큰 이유는 질문을 전혀 던지지 않기 때문이다. 왜 그런 생각이나 행동을 하는지도 모른 채, 그저 남이 한다고 따라 하는 경우가 많다.

　유행만 따르면 비판이나 사고 없이 행동하게 된다. 그러다가 일이 잘못되면 주변을 원망한다. 그래도 분이 안 풀리면 사회의 분위기나 문화의 탓으로 돌린다. 어이없게는 자신의 유전자나 조상을 탓하기도 한다.

　요즘에는 취업하려면 엄청나게 스펙을 쌓아야 한다고들 말한다. 그런데 스펙에도 유행이 있다. 그러다 보니 회사의 특성이나 직무와 무관하게 전국적으로 표준이 있다고 할 만큼 비슷한 스펙만 쌓는다.

　성형수술도 그렇다. 요즘에는 누구나 살면서 한 번쯤은 받는다고 할 만큼 대수롭지 않은 시술이 되었다. 그런데 성형수술에도 유행이 있다 보니 시기에 따라 예쁘다는 사람들의 얼굴은 죄다 똑같다. 그래서 새로 등장한 연예인도 그 사람이 그 사람 같다. 강남 어느 거리에 가면 지나가는 여자들 얼굴이 똑같다는 우스갯소리도 있다.

　한동안 너나 할 것 없이 영어 조기교육 열풍이 불었다. 많은 부모들이 허리띠를 졸라매고 비싼 돈을 내면서 영어 유치원에 보내느라 애를 썼다. 정작 왜 어린 나이부터 영어를 가르쳐야 하는지, 그것이 아이에게 어떤 영향을 미칠 것인지 깊이 생각한 사람은 그다지 많지 않을 것이다. 그저 옆집에서 보낸다니까, 강남 엄마들은 그런다니까, 우리

아이도 기죽거나 뒤처지지 않게 하려고 무작정 보낸다.

이렇게 유행이 판치는 것을 보면 세스 고딘이 "지금 우리 주변에는 고지식한 관료, 타인의 말을 받아 적기만 하는 사람, 문자 그대로 해석하는 사람, 매뉴얼 신봉자, 주말만 기다리는 노동자, 주어진 길만 가는 사람, 해고를 두려워하는 직장인들로만 넘쳐난다"고 한 말이 옳은 것 같다.

이들이 목매고 있는 스펙, 성형수술, 영어 유치원이 반드시 따라야 하는 시대의 흐름이고 패러다임일까? 과연 우리의 삶을 규정하는 이념이 될 수 있을까? 이런 것은 유행에 지나지 않아서, 얼마 지나면 사라지거나 다른 유행에 밀려난다.

이렇듯 질문이 사라진 사회, 비판과 사고가 없는 사회를 지배하는 것은 유행이다. 유행이 만연하면 자신이 하는 행동의 의미를 찾지도 않고, 삶의 목적이 무엇인지 고민하지도 않는다. 남들이 하는 대로 따라 하기에 바쁘다. 유행이 지식과 사고, 의식과 사상을 지배하는 이념이자 패러다임이 되어버리는 것이다. 그 결과 유행은 더욱 힘을 얻게 되고, 질문하고 비판하고 생각할 여지는 점점 좁아진다. 그렇게 질문은 우리에게서 사라진다.

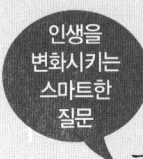

지금 일자리는 나에게 적합한가?

모든 변화는 나에게서 시작된다. 지금 나의 자리가 나에게 적합한지, 내가 선택한 일인지 살펴보자. 아래의 질문에 답한 후, 처방에 따라 변화를 시도해보자.

1. 다시 태어나도 이 일을 할 것인가? (Yes, No)
2. 일과 관련하여 2~3년 후 자신의 모습이 기대되는가? (Yes, No)
3. 아이들에게 지금 나의 일을 추천할 것인가? (Yes, No)
4. 잠자리에 들어서도 일에 관한 아이디어를 메모한 적이 있는가? (Yes, No)
5. 다른 사람이 아닌 나 자신을 위해 일한다고 생각하는가? (Yes, No)
6. 다른 사람과 차별화된 나만의 장점이 있는가? (Yes, No)
7. 지금 하는 일의 성과가 사회를 이롭게 하는가? (Yes, No)
8. 일로 인해 건강이나 가족과 같은 가치를 희생하지 않는가? (Yes, No)
9. 나의 일은 나를 긴장하게 하고 도전정신을 자극하는가? (Yes, No)
10. 일을 하면서 감사하고 희망을 느끼는가? (Yes, No)
11. 내일이 기다려지는가? (Yes, No)

12. 새로운 기획안이나 문제에 대한 해결 방안을 스스로 제시하는 편인가? (Yes, No)
13. 상사의 모습에서 밝은 미래가 보이는가? (Yes, No)
14. 일과 관련하여 실질적이고 확고한 롤 모델이 있는가? (Yes, No)
15. 자신이 하는 일의 의미를 명료하게 설명할 수 있는가? (Yes, No)

처방전

Yes 13~15개	자신에게 잘 맞는 일을 하고 있다. 재능을 발휘하면서 성과도 얻는 지금의 일이 자아를 실현하게 하는 것은 물론이고 가정에도 행복을 가져다줄 것이다. 지금처럼 일을 사랑하라.
Yes 9~12개	대체적으로 일에 만족한다. 부족한 부분이 문젯거리가 되지 않도록 관리할 필요가 있다. 특히 가족과 건강을 간과해서는 안 된다.
Yes 5~8개	일에서 큰 기쁨이나 보람을 찾지 못한다. 일과 관련하여 깊이 고민할 필요가 있다. 자신의 마음을 다잡는 것이 우선이다.
Yes 1~4개	자신에게 맞지 않는 일을 하고 있다. 가슴 뛰는 일을 찾아보라. 그 일이 바로 당신의 행복과 성공을 안겨주는 출발점이 될 것이다. 길고 멀리 보라.

 질문은 왜 사라졌을까?

무작정 받아들일 것인가?

경험이 적고 세상 물정을 몰라서 함부로 덤비는 젊은이를 보면 "하룻강아지 범 무서운 줄 모른다"고 한다. 그런데 여기에서 하룻강아지를 태어난 지 하루 지난 강아지, 즉 눈도 못 뜬 새끼라고 생각하는 사람이 있는데 이는 잘못 알고 있는 것이다. 하룻강아지의 어원은 태어난 지 1년이 되었다는 것을 의미하는 '하릅'에서 온 것으로, 1년이 안 된 어린 새끼를 가리킨다.

'십팔번'이란 단어는 흔히 속어라고 생각하는데 원래는 국어사전에 등재되어 있는 말이다. 이 말의 사전적 의미는 '가장 자랑으로 여기는 재주, 특히 가장 즐겨 부르는 노래'를 뜻한다. 그동안 '십팔번'이 어디에서 유래되었는지도 모르고 아무 생각 없이 사용한 사람이 많을 것이다.

사실 '십팔번'은 일본의 가부키라는 촌극에서 유래된 말이다. 가부키는 춤과 노래, 연기가 어우러지는 공연인데, 일본의 이치카와 가문이 가부키 배우를 많이 배출한 것으로 유명하다. 이 가문에는 대대로 전해오는 18종의 촌극이 있는데, 이 중에서도 18번째 촌극이 가장 재미있고 우스꽝스러워서 인기가 많았다고 한다. '십팔번'은 바로 이치카와 가문의 18번째 공연을 가리키는 말이다.

이렇듯 사람들은 흥미롭고 그럴듯한 말을 너무 쉽게 믿는 경향이 있다. 물론 이런 우스갯소리를 그대로 믿는다고 해서 크게 문제될 일은 없다. 그러나 이것이 습관이 되면 매우 위험하다. 특히, 사회를 지배하는 강력한 논리를 의심 없이 받아들이는 것이 습관이 되면 문제가 된다.

현재 정치적으로 기득권들이 제대로 정책을 운영하지도 못하면서 어떻게 계속 집권하는지 이해가 안 간다고 하는 사람도 있을 것이다. 그러나 그들이 집권할 수 있는 것도 지배자들의 논리를 의심 없이 받아들이는 사람들이 많기 때문이다.

기득권이 정권을 유지하는 방법은 크게 두 가지로 나뉘는데, 하나는 무력에 의한 강압적 지배이고, 다른 하나는 지배층이 피지배층을 지배하는 것이 당연하다는 지배 논리를 피지배층에 심어주는 것이다.

삼국시대와 고려시대의 지배 논리는 불교였다. 종교라는 믿음을 악용한 셈인데, 불교의 윤회사상을 바탕으로 피지배층이 그들의 지배를 당연하게 여기도록 만들었다. 즉, 귀족은 전생에 덕을 쌓아 귀족으로 태어났고, 평민이나 노예는 죄를 지었기 때문에 낮은 신분으로 태어났다는 생각을 심어준 것이다. 그래서 피지배층은 귀족이 특권을 누리는 것을 당연하게 받아들였다.

한편 조선시대의 지배 논리는 성리학이었다. 충과 효가 기본이었던 성리학은 백성과 신하에게는 임금에 대한 무조건적인 충성을, 자식들에게는 기득권인 부모에게 효라는 명목으로 복종할 것을 강요했다.

현재 우리의 지배 논리는 자본주의라 할 것이다. 자본주의는 가난이나 불평등을 국가나 사회의 책임이 아니라, 성실하지 못하거나 능력이 없는 개인의 탓으로 돌린다. 그래서 개인은 가난이나 불평등을 당연하게 받아들인다.

이렇듯, 작은 일이라도 비판 없이 받아들이는 것이 습관이 되면 사회를 지배하는 논리도 생각 없이 받아들이게 된다. 이는 먹고사는 문제는 물론이고 삶의 질을 높이는 데도 장애가 된다. 그러니 그럴듯하게 들리는 이야기라도 무조건 받아들이지 말고 꼼꼼히 따져보고 생각해보는 습관을 들여야 할 것이다.

강력한 논리에 반기를 들어라

아리스토텔레스 때부터 시작된 삼단논법(a=b, b=c, 그러므로 a=c)은 2,000년이 지난 지금도 우리의 사고를 지배하고 있다. 삼단논법은 오랜 기간에 걸쳐 다양한 형태의 논리학으로 발전했고, 결론(a=c)을 내리기 위해서는 어떤 형태로든 근거(a=b, b=c)라는 것을 마련해야 한다는 강박관념을 가지게 했다. 그 결과, 근거와 결론의 관계가 타당할 때에만 결론을 내린 사고 과정, 즉 추론을 올바른 것으로 보고 결론을 신뢰한다.

수천 년에 걸친 오랜 전통에 따라 우리는 근거를 바탕으로 한 논리를 좋아한다. 쟁점을 놓고 갑론을박하는 TV 토론회를 보며 답답해하거나 통쾌해하는 것도 정확한 근거를 들어 논리적으로 풀어내는 이야기를 좋아하기 때문이다.

특히 현대 사회에서는 사실에 바탕을 둔 객관적인 데이터만이 근거로서 힘을 발휘하는 경우가 많다. 물론 직감이나 경험 등도 근거가 되지만, 점을 보는 것이 아니라면 단순한 느낌이나 주관적 견해는 근거로서 빈약하다고 받아들인다. 그래서 근거가 빈약한 주장을 펼치는 사람은 논리로 무장한 사람에게 대항하지 못한다.

이렇듯 근거가 객관적이고 탄탄할수록 논리는 강력한 힘을 발휘한다. 그리고 이러한 논리를 따를 때 결과를 예측할 수도 있고 통제할 수 있다고 생각한다.

그런데 논리가 지나치게 강력해지면 다른 생각이 들어올 여지가 사라진다. 엉뚱하거나 새로운 아이디어라도 논리를 갖추고 근거가 있어야 받아들이려 한다. 우리 사회에 코페르니쿠스적 혁명이 없는 이유는 논리를 맹신하는 사람들이 많기 때문이다. 이런 사람들은 자신의 신념을 주변에 강요하며 창조와 혁신의 가능성마저 막는다.

우리가 살아가는 과정도 마찬가지다. 대부분 10대에는 공부를 잘해야 하고, 20대에는 좋은 곳에 취업해야 하며, 30대에는 결혼해서 안정되는 것이 목표이고, 40대에는 직업적으로 성공하고, 50대에는 착실히 노후를 준비해야 한다고 생각한다. 즉, 자신의 연령대를 지배하는 논리에 따른다.

그런데 대개의 사람들은 이런 논리를 아무 고민 없이 받아들인다. 가끔은 짜증이 나기도 하고 반발심도 생기지만, 사회를 지배하는 힘이고 논리이니 어쩔 수 없다고 생각한다. 간혹 이런 논리를 따르길 거부하는 사람도 있지만, 사회나 조직에 아무 변화도 일으키지 못한 채 사라지는 경우가 많다. 학교를 나간 아이, 대학을 떠난 청년, 사표를 던진 동료는 별 볼일 없는 사람처럼 여겨지고 잊혀진다.

한국 사회를 지배하는 '공부를 잘해야 성공한다'는 논리에 대해 생각해보자. 의사, 변호사, 공무원, 정치인, 방송인, 교수 등 이른바 성공한 직업을 가졌다고 불리는 이들은 대부분 학벌이 좋고 공부를 잘한 사람들이다. 사실 이런 직업을 가지려면 공부를 잘하는 편이 유리하다. 그래서 '공부를 잘해야 성공한다'는 것이 논리에 맞는 것처럼 들리고, 대단히 매력적인 논리로 느껴진다.

이런 직업은 전문지식과 기술이 필요하다. 즉, 학력이 필요한 전문직을 말한다. 다시 말해서, '공부를 잘해야 성공한다'는 논리에는 '성공=전문직'이라는 전제가 깔려 있는 셈이다.

필자는 학창 시절에 열심히 공부하는 모범생이었고 성적도 좋은 편이었다. 그런데 왜 공부하는지는 생각해본 적이 한 번도 없었다. 그저 남들도 다 하는 공부였으니 나도 했을 뿐이었다. 게다가 좋은 대학에 가기 위해서는 성적을 잘 받아야 한다는 어른들의 말씀을 아무 생각 없이 받아들였다.

남들이 부러워하는 학교를 졸업했고, 바로 군대에서 사회생활을 시작했다. 또 조직에서 설계한 경력 개발 코스를 밟으며 조직에 필요한 인재가 되기 위해 노력했다. 상사에게 인정받기 위해 성실하게 일했다. 그러니까 그때 당시 처해 있던 상황에서 가장 큰 영향력을 발휘하는 논리를 따라온 결과 지금의 내가 된 것이다.

우리는 왜 그런 논리를 따라야 하는지, 정말 그것이 옳은지 궁금해하면 큰일이라도 나는 것처럼 의문을 삼키고 질문을 멈춘다. 사회를 지배하는 강력한 논리의 힘에서 자유로운 사람은 아무도 없기 때문이다. 대개는 사회가 강요하는 논리를 충실히 따르면 성공할 수 있다고 믿는다. 성공하지는 못하더라도 적어도 안정된 생활은 보장받을 수 있다고 말이다. 과연 그럴까?

효율적인 것이 효과적일까?

자동차 엔진의 평균 열효율은 디젤 엔진이 30%, 가솔린 엔진이 25% 내외다. 그러나 바퀴를 굴리는 과정에서 발생하는 손실을 고려하면 결과적으로 효율은 20% 정도라고 한다. 즉, 에너지 100을 투입하면 자동차를 굴리는 데 20만 쓰이고 나머지 80은 흔적도 없이 사라지는 셈이다.

자동차의 비효율은 자동차 전문가들과 개발자들이 해결할 부분이니 걱정할 필요가 없을 것이다. 그러나 자신의 효율성에 대해서는 스스로가 생각해볼 필요가 있다. 우리의 생각과 행동, 감정까지도 통제하는 뇌의 효율은 과연 어떠한가?

인간의 뇌는 오랜 기간에 걸쳐 진화하면서 습관이라는 수단을 만들어냈다. 습관이란 대뇌피질에 특정한 신경회로를 만들어놓는 것으로, 일일이 행동을 지시하지 않아도 일정한 조건이 되면 그 행동을 하는 것을 가리킨다. 이를테면 아침에 씻고 밥 먹고 출근하는 데 많은 생각이 필요하지 않은 것은 이런 행동이 습관화되어 있기 때문이다.

그 결과 뇌는 특별히 힘들여 생각하지 않고도 많은 일을 처리할 수 있게 된다. 행동은 일어나는데 뇌의 에너지 소비는 점점 줄어드니 효율이 높아지는 셈이다.

사실 뇌는 게으르다. 그래서 "제발 아무 생각도 하지 말고 그냥 편하게 살자!"라고 우리를 자꾸 유혹한다. 게다가 기본적인 행동은 습관화되어 있어서 힘들여 고민하지 않아도 먹고는 살 수 있다. 이렇듯 습관에 의한 삶은 뇌의 측면에서 매우 효율적이다.

그러나 효율적인 뇌가 효과적일까? 피터 드러커는 "효율적인 것은 제대로 일하는 것이고, 효과적인 것은 옳은 일을 하는 것이다"라고 말했다. 그렇다면 피터 드러커의 관점에서 볼 때 우리의 뇌는 제대로 일은 하지만 옳은 일을 한다고는 할 수 없다. 효율은 높지만 효과는 떨어진다는 말이다.

이는 게으른 뇌의 유혹에 따라 효과가 아닌 효율만 따지기 때문이다. 질보다는 양을 중시하는 이 사회의 가치관에 따르면 효과보다는 효율을 따지게 된다. 그러니 머리를 쓰지 않고도 Ctrl+C(복사하기), Ctrl+V(붙여넣기) 기술만 익히면 어느 정도 결과를 내는 것은 식은 죽 먹기다. 인풋은 최대한 줄이고 아웃풋은 가능한 한 많이 뽑아내는 것이 효율적이다. 효율을 최고로 생각하는 면에서 보면 뇌와 사회는 같은 것을 추구한다.

사실 세상은 효과보다는 효율을 추구하며, 규칙에 따라 정해진 행동을 할 것을 요구한다. 매뉴얼만 있으면, 매뉴얼에 충실히 따르기만 하면 사회체계가 주는 열매를 먹을 수 있다. 그렇다 보니, 매뉴얼에 얼마나 충실한가 하는 것이 개인과 조직의 능력을 가늠하는 기준이 될 정도다.

이런 사회에서 사람은 체계를 구성하는 요소에 지나지 않는다. 주어진 일을 하던 대로, 똑같은 방식으로 처리하면 체계는 유지된다. 그러나 사용하지 않는 신체기관은 퇴화한다. 사회체계가 주는 열매만 기다리다가 뇌는 효과적으로 움직이는 법을 잊고, 질문하는 법을 잊어버린 것은 아닐까?

빠르다고 좋은 것일까?

필자는 우리나라에 유학 온 외국 장교를 대상으로 한국어 교육 과정을 운영하고 있다. 그런데 학생은 매년 바뀌어도 그들이 우리나라에서 느끼는 이미지는 같다. 한마디로 '빠르다'는 것이다. 인터넷 속도, 은행 업무, 외국인 등록증 발급 등 모든 서비스가 빠르단다. 심지어 선생님이 말하는 속도도 빠르다고 농담할 정도다.

예를 들어, 아침에 숙소에 전등이 고장 났다고 말하면 점심 무렵에는 고쳐져 있거나 담당자가 방문해서 확인하는데, 이런 업무 속도는 그들의 나라에서는 좀처럼 있을 수가 없다고 한다. 이런 말을 들으면 괜히 어깨에 힘이 들어가고 자부심이 느껴지기도 한다.

속도는 생물 종의 생존을 결정하는 척도이자 오랜 야망이다. 동물들이 서로 잡느냐, 잡히느냐 하는 것도 속도가 결정한다. 발이 느린 동물이 순간의 재치로 1~2번의 위기는 모면할 수 있겠지만, 결국은 빠른 동물에게 잡아먹힌다.

인간에게도 속도는 매우 중요하다. 속도가 느리면 많은 경우에 열세에 놓이며, 때로는 패배와 죽음으로 이어지기도 한다. 전쟁의 역사를 살펴보면 알 수 있다. 1967년의 3차 중동전에서 이스라엘은 출근 시간에 기습공격을 감행하여 이집트, 시리아, 요르단과의 전쟁을 6일 만에 끝냈다. 전쟁 개시일인 6월 5일 하루 동안에만 이집트 항공기 410대를 속전속결로 파괴했다. 이 전쟁은 기습, 즉 선제공격이 승리의 중요한 원칙임을 입증한 충격적인 전례다. 이렇듯 뛰어난 전술이나 무기라도 상대방이 대응책을 마련하기 전에 재빨리 사용해야 효과를 발휘한다.

그러다 보니 현대인은 빠르게 생각하고 움직여야 한다는 강박증에 걸려 있는 듯하다. 신기술을 개발해도 후발주자들이 무섭게 치고 올라와 잠시도 앉아서 쉴 여유가 없다. 그래서 하루가 다르게 신기술과 신상품이 쏟아진다. 게다가 이를 바탕으로 새로운 개념과 가치가 등장한다. 새로운 개념, 방법, 기술을 빠르게 익혀야 시대의 급류를 읽고 휘말리지 않는다.

속도는 일상생활에도 영향을 미친다. 스마트폰을 열면 최신 뉴스를 바로 확인할 수 있고, 내일 출근할 때 우산을 챙겨야 하는지도 미리 알 수 있다. 그러니 뉴스나 날씨를 보겠다고 TV 앞에서 뉴스 시간을 기다리거나 몇 분이나 걸려 컴퓨터를 부팅할 필요가 없다.

TV 광고에는 예전보다 더 빠른 속도를 강점으로 내세우는 상품이 수도 없이 등장한다. 얼마나 빨리 원하는 결과를 보여주느냐 하는 것이 소비자가 지갑을 여는 중요한 기준이 되었기 때문이다.

예전에 "침대는 가구가 아닙니다, 과학입니다"라는 모 가구 회사의 광고 카피가 유행한 적이 있었다. 그 당시 초등학생들은 시험에서 침대를 가구가 아니라고 답했을 정도였다. 최근에는 배달(倍達)의 민족이라는 말이 배달(配達)의 민족으로 각색되어서 365일 24시간, 빠른 시간 안에 따뜻한 음식을 배달하겠다는 업체의 광고로 등장했다.

이처럼 소비자의 눈과 귀를 단숨에 사로잡는 광고 카피는 분 단위로 일정을 계산하며 바쁘게 움직이는 현대인들의 눈과 귀를 사로잡고, 기업의 매출을 크게 좌우한다. 이런 카피를 만드는 카피라이터라는 직업이 매력적이면서도 스트레스가 심한 이유 역시 속도전이기 때문이다.

먹거리도 속도가 지배한다. 즉석조리식품 생산액은 2008년 1,932억 원에서 2011년 3,642억 원으로 89%가량 증가했다. 국, 탕, 순대, 수프, 죽, 카레, 밥 등 종류도 다양해져서 돌아가신 할머니의 손맛도 만들어 팔 기세다.

그런데 경쟁 사회에서 속도는 상대적이라서, 경쟁자보다 더 빨라야 우위를 차지할 수 있다. 그래서 자신이 아무리 빨라도 더 빠른 놈이 나타나면 진다는 강박감에 시달리게 된다. 여유를 부리다가는 생존 경쟁에서 밀려나기 때문에 주변은 고사하고 자기 자신도 보살필 여유가 없다. 그저 주변에 널려 있는 정답들을 이것저것 주워 담고 앞으로만 달려갈 뿐이다

속도를 위한, 속도에 의한, 속도의 시대를 사는 우리에게는 질문을 하는 것도, 질문에 답하기 위해 생각할 시간을 갖는 것도 사치가 되어버렸다.

게다가 속도에 대한 맹신은 질문을 증발시켜버렸다. 속도는 트렌드를 넘어 하나의 종교가 되었다. 그래서 현대인은 인내심을 잃고, 점점 더 빠른 것을 원한다. 우물에서 숭늉을 바로 떠먹겠다고 할 날도 머지않아 보인다.

공부는 암기가 아니다

우리나라 학생들은 공부는 암기이니 열심히 쓰고 외우면 된다고 배운다. 모르는 문제가 있어도 자신만 모르는 것이라고 생각해서 수업 시간에 질문하면 친구들에게 방해가 되지는 않을까 생각하고는 참는다.

그리고 혼자서 해결하려고 애쓴다.

　필자 역시 학창시절에 궁금한 것이 있어도 질문하지 않았고, 선생님이 알려주는 대로 무조건 외웠다. 이해가 안 되는 것은 이해가 될 때까지 거듭 읽었다. 모르는 문제는 참고서를 뒤지면 답을 찾을 수 있으니 다른 사람에게도 물어보지 않았다. 공부는 오로지 혼자 하는 것이라고 믿었기 때문이다.

　예로부터 우리 선조들은 가르치는 내용을 충분히 이해하기도 전에 질문하는 것은 옳지 않으며, 자신보다 학식이 높은 사람의 말을 듣고 그의 생각을 받아들이는 것이 공부라고 여겼다.

　듣는 것은 집단과 관계를 중시하는 우리 문화가 만들어낸 공부 방법이다. 개인과 독립성을 중시하는 서양 문화권에서 질문과 토론을 통해 공부하는 것과는 대조적이다.

　이러한 문화는 말하는 것보다 듣는 것이 바람직하고 옳다는 믿음을 만들어냈다. 때와 장소, 상황을 불문하고 어른들의 말씀을 잘 듣는 것은 아랫사람의 미덕이었다. 그래서 학교에 가는 아이에게 "선생님 말씀 잘 들어야 한다"고 당부한다.

　그러나 세계를 지배하는 유대인의 부모는 등교하는 아이들에게 "궁금한 것은 참지 말고 꼭 질문해라"라고 가르친다. 그래서 유대인들은 토론과 질문이 생활화되어 있다.

　우리나라 사람들은 질문을 하거나 반론을 제기하는 것은 자신의 지식이 부족하다고 세상에 떠벌이는 것이나 마찬가지라고 여긴다. 그러니 모르는 것이 있다면 우선 더 많이 읽고, 들어서 부족한 지식을 채워야 한다고 생각한다.

이런 문화에서는 어리다는 이유로 어른들 앞에서 입을 다물고 있어야 하는 나이를 넘어 어른이 되더라도 상황이 달라지지 않는다. 어른이 되면 질문을 환영하지 않는 직장이라는 조직에 몸담게 되며, 조직의 일부로서 윗선의 지시에 따라 움직여야 한다. 질문할 권리는 조직의 체계를 만들고 바꾸는 몇몇에게만 허용된 특권이기 때문에, 그렇지 않은 아랫사람들은 입을 다물어야 한다.

그렇다고 해도 누구나 소통의 중요성은 알고 있다. 요즘에는 우리나라의 조직들도 소통에 관심을 기울이기 시작했다. 그런데도 조직을 구성하는 사람들의 마음은 질문을 받아들일 만큼 관용적이지 않다. 안 그래도 취업난으로 빈자리가 생기기를 기다리는 사람들은 넘쳐난다. 그러니 질문하거나 반대 의견을 제시해서 윗사람의 마음을 불편하게 했다가는 다른 사람에게 자리를 뺏길지도 모른다.

토론이 활발히 이루어지고 어떤 질문이든 주저할 필요 없이 던질 수 있는 곳에서 일하고 있다면 큰 축복이다. 그러나 우리 사회에 아직은 그런 조직이 많지 않다. 오히려 대부분의 사람들은 질문이 없는 조직, 즉 논리를 따르고 효율과 속도를 추구하는 조직에서 일하고 있다.

지금은 질문이 자취를 감춘 불행한 시대다. 호기심은 유년 시절에만 허용된다. 학교로 시작되는 체계에 소속되기 시작하면 호기심과 질문은 참아야 한다. 그리고 주어진 것을 아무 의심 없이 받아들이게 된다.

　이제는 다시 궁금해하고 의심을 품고 질문을 시작할 때다. 내 안의 잃어버린 질문 본능을 되찾자.

2장

왜 질문해야 하는가?

우리의 삶에서 질문은 무엇인가?

질문은 본능이다

어린아이들은 말문이 트이면 끊임없이 질문한다. 아이를 키워본 사람이라면, 혹은 아이를 키우지 않았어도 한 번쯤은 끝없이 이어지는 아이들의 질문 공세를 받아보았을 것이다.

아이들은 말이 느는 30개월을 즈음하여 지적 수준이 높아지면서 질문하는 횟수 역시 자연스럽게 늘어난다. 전문가들에 따르면 38개월 된 아이의 경우 하는 말의 18%가 질문이며, 52개월에는 20%까지 증가한다고 한다. 즉, 5세 아이가 내뱉는 말에는 5번에 1번꼴로 질문이 포함되어 있다는 뜻이다.

이처럼 아이들에게는 질문하는 것이 지극히 자연스러운 행동이다. 질문하는 법을 가르쳐주지 않아도 쉴 새 없이 질문을 던지는 아이들을 보면, 질문은 인간의 본능이라고도 할 수 있다.

아동심리학의 권위자인 피아제(Piaget)는 "질문은 환경에 적응하기 위한 행동"이라고 정의했다. 그에 따르면 자기중심적인 아이들은 세상을 객관적으로 이해하기 위해 노력하면서 질문을 던지게 된다. 때로는 다른 사람들의 관심을 끌거나 위로받고 싶을 때, 원하는 것을 에둘러 말할 때, 불만을 표시할 때도 질문을 던진다. 친구 손에 들린 새 장난감을 가지고 놀고 싶으면 직접적으로 빌려달라고 하는 대신 "그게 뭐야? 어디에서 났어?"라고 질문하거나, 밥 먹기 싫을 때는 밥상 앞에서 이런저런 질문으로 시간을 끈다. 이 모든 질문이 자신을 둘러싼 환경에 적응하기 위한 적극적인 활동이다.

그러나 이렇게 끊임없이 던지던 질문도 5세까지 급격히 증가하다가 9살쯤이 되면 점점 감소한다. 이를 환경에 적응한 결과라고 볼 수도 있지만, 어른들의 무성의한 반응이나 질문을 허용하지 않는 사회적 분위기도 적지 않게 영향을 미치는 것으로 보인다. 어찌 보면 질문에 인색한 환경을 이해하고 적응한 결과인지도 모른다.

질문은 숨길 수 없는 본능이지만, 대부분 나이가 들고 세상의 무서움을 알게 되면 본능마저 숨기게 된다. 그 결과, 삶은 원치 않는 방향으로 흘러간다. 하는 일이 자신에게 맞는지, 왜 그 일을 하는지, 더 중요한 일은 없는지 물어보지 않기 때문이다. 그러다가 어느 날 문득 정신을 차리고 보면 자신이 서 있는 곳이 꽃향기 가득한 들판이 아니라 사방에 깊은 늪뿐인 정글이라는 사실을 깨닫고 깜짝 놀라게 된다.

그러나 이제라도 자신에게 질문을 다시 시작한다면 삶은 향기로운 들판으로 바뀔 것이다.

모든 선택은 질문에서 출발한다

우리는 살아가며 성공과 실패, 빠름과 느림, 찬성과 반대, 호감과 악감, 풍족함과 부족함처럼 반대되는 개념들을 끊임없이 접하게 된다. 그리고 어느 하나를 선택하거나 받아들인다. 어떤 의견에 찬성하거나 반대하고, 일에 성공하거나 실패한다. 때로는 어느 한쪽이라고 콕 집어 말하기 어려울 만큼 어중간한 입장을 취하거나 결과를 얻기도 한다. 누군가에게 호감도, 악감도 아닌 감정을 느끼거나, 물질적으로 풍족하지도 부족하지도 않게 지내는 것처럼 말이다.

그런데 많은 사람들은 둘 중 어느 한쪽만을 선호한다. 우리 사회의 분위기도 중간이나 양쪽을 모두 수용하려 하지 않는다. 느린 서비스보다는 빠른 서비스를, 못생긴 사람보다는 잘생긴 사람을, 저렴한 선물보다는 비싼 선물을, 실패보다는 성공을 선호한다. 그래서 반대쪽은 최대한 거부하고 배척하여 최소화하려고 하거나 없어도 좋다고 생각한다.

그러나 무엇이든 한쪽만 추구해서는 올바르게 판단을 내리기 어렵다. 제대로 판단하고 싶다면 반대되는 가치들을 적절하게 선택해야 한다. 끈기와 포기를 살펴봐도, 끈기 있는 것이 항상 옳지만은 않다. 때로는 포기하는 데 더 큰 용기가 필요하며, 멈추는 것이 현명한 결정이 되기도 한다.

수년 동안 공무원 시험을 준비하던 청년이 공부를 포기하고 장사를 시작해서 대박을 터뜨렸다는 이야기는 포기에도 가치가 있음을 알려준다. 그는 공부에 투자했던 시간과 돈, 열정을 과감하게 포기하고, 인생의 목표를 새롭게 세우고 도전했다. 그에게 포기란 곧 도전과 맞닿아 있었다.

최근에는 기업들도 스펙과 같은 껍데기보다는 열정과 의지, 인성과 같은 알맹이가 조직을 발전시킨다는 사실을 깨달았다. 실패에서도 배울 점이 많으며, 평범한 성공보다 위대한 실패에 박수를 보내자는 사고의 전환이 일어나고 있는 것이다. 그러므로 삶을 이루는 수많은 반대 개념에도 모두 가치가 있다는 사실을 깨달아야 한다.

흔히 '질문'과 '답'도 서로 반대되는 개념이라고만 받아들인다. 실패보다는 성공을 선호하는 것처럼, '질문'보다 '답'을 좋아한다. 곤란한 상황을 극복하고 성과를 내기 위해서, 남들에게 인정받고 원하는 것을 얻기 위해서는 답을 알아야 하고, 답을 가진 자가 결국 성공한다는 사실을 경험했기 때문이다.

그러나 살아가는 매 순간은 선택의 연속이며, 선택은 질문에 대한 대답이라고 할 수 있다. 그렇게 보면 답만큼이나 중요한 것이 바로 '질문'이다. 인생은 질문으로 시작해서 질문으로 끝나는 것인지도 모른다. 의식하지는 못하지만 끝없이 이어지는 수많은 선택들은 질문에서 출발했기 때문이다.

지금까지 우리가 찾아 헤맸던 '답'만이 아니라 간과해온 '질문'도 삶을 구성하는 중요한 요소다. 그러나 여전히 많은 사람들은 자신만의 답이 아니라 누군가 만들어놓은 답을 찾느라 일생을 허비하기도 한다.

자신만의 인생을 살기 위해서는 이제 제대로 된 질문을 던져야 한다.

질문이 오늘을 만들고 내일을 결정한다

세계적인 문화인류학자인 제레미 다이아몬드의 『총, 균, 쇠』에 따르면, 동아프리카에서 발원한 인류는 태양이 작열하는 북아프리카와 중동을 지나 유럽과 오세아니아로 퍼져나갔다. 그리고 혹한과 폭설을 뚫고 시베리아까지 진출했고, 베링 해를 건너 아메리카 대륙에 발을 내딛은 후, 고산 지대와 열대 우림을 거쳐 남아메리카 남단에 다다랐다.

이처럼 인간이 혹독한 환경의 차이를 극복하며 지구 곳곳으로 퍼져나갈 수 있었던 것은 다양한 환경에 적응하는 능력 때문이다. 그런데 환경에 적응하는 일은 곧 질문을 던지는 것이다. "이 열매를 먹어도 될까? 먹으면 어떻게 될까? 누구 먹어본 사람은 없을까?" 하는 식량에 대한 질문, "산 위에는 무엇이 있을까? 강에는 무엇이 살지? 사슴은 추워지면 어디로 이동하나?" 같은 자연의 사실에 대한 의문, "짐승의 가죽으로 무엇을 만들 수 있을까?"와 같은 도구와 발명의 질문이 크로마뇽인으로부터 오늘날의 인류를 탄생시킨 것이다. 이런 측면에서 보면 인간은 호모 애스쿠스(Homo Askus), 즉 질문하는 인간이다.

필자는 사관학교에서 4년간 컴퓨터, 군사전략, 전술, 리더십 등을 공부했고 실습이나 체험을 통해 실무도 배웠지만, 현장은 사뭇 달랐다. 진짜로 하는 일은 학교에서 배운 것처럼 거창하지 않았다. 어떤 일은 너무 사소해서 이런 일까지 해야 하는지 자존심이 상할 정도였다.

4년 동안 장교가 되기 위해 거대한 전략을 고민하고 큰 그림만 그려왔는데, 막상 임관하고 보니 내가 하는 일은 사소한 것뿐이라니…. 색종이를 오리고 풀칠을 해서 게시판을 만들거나, 수십 개의 색인지를 붙여 보고서를 꾸미기도 하고, 배수로의 흙을 퍼내거나 통나무를 어깨에 메고 나를 때는 이런 일을 하려고 힘든 생도생활을 견뎠는가 싶어서 회의도 들었다.

그럴 때는 "지금 이 일은 어떤 의미가 있을까?" 하고 스스로 질문하곤 했다. 이 세상에 의미 없는 일은 없다고들 한다. 필자는 군대라는 거대한 조직을 이루는 작은 톱니바퀴에 불과했지만, 조직 전체가 만들어내는 결과에 주목하고 그것에서 의미를 찾았다. 톱니바퀴는 작은 힘을 전할 뿐이지만, 거대한 기계도 작은 톱니바퀴 없이는 돌아가지 않기 때문이다.

그래서 회의감이 들 때면 "왜 이 일을 하는가? 전체 조직에서 나의 일은 어디에 위치하는가? 일을 어떤 방식으로 수행해야 하는가? 다시 태어나도 이 일을 할 것인가? 내가 잘하는 일은 무엇인가? 하고 싶은 일은 무엇인가?"와 같은 질문을 끊임없이 던졌다. 이런 질문이 쌓여 하루의 성과를 냈고, 결국은 오늘의 나를 만든 셈이다.

10년 후 미래를 알고 싶은가? 그렇다면 현재 자기 자신에게 어떤 질문을 던지고 있는지를 생각해보면 된다. 주변 사람에 대해 좀 더 알고 싶은가? 그렇다면 그가 어떤 질문을 가지고 사는지, 어떤 질문을 하는지 보면 된다. 그 질문이 오늘을 만들고 내일을 결정할 것이다.

정답은 하나가 아니다

기억에 남는 수수께끼가 하나 있다.

"허리가 긴 개와 다리가 긴 개가 싸우면 어느 쪽이 이길까?"

허리가 길면 덩치가 클 테니 싸움에 유리할 것이다. 그러나 권투 선수를 보면 알 수 있듯이, 팔이 길면 상대방과 거리를 유지하면서 펀치를 날리기 좋으니 다리가 긴 개가 싸움에 유리한 것도 같다. 그런데 어이없게도 정답은 "힘센 개가 이긴다"였다.

이렇게 A와 B 둘 중 하나를 선택하는 질문을 받으면, 대개는 둘 중 하나를 선택한다. 그러나 정답은 둘 중 하나가 아니라 전혀 새로운 C일 수도 있다. 그런데 우리는 정해진 틀에 갇혀버리곤 한다.

패스트푸드점에서 주문을 받는 법을 점원에게 가르칠 때, "음료는 무엇으로 하시겠습니까?"가 아니라 "콜라로 하시겠습니까? 사이다로 하시겠습니까?"라고 묻게 한다. 그러면 대개는 생각 없이 콜라나 사이다 중에서 선택한다. 사실 다른 음료를 선택할 수도 있지만, 대개 사람들은 선택해야 하는 상황에서 선택의 폭을 줄여 답을 얻어내는 것이 일반적이기 때문이다.

2000년대 초 IT 회사가 열풍을 일으키던 때, 당연히 IT 기술주가 각광을 받았다. 그래서 증권업계에서는 모두들 IT 기술주 중에서 어떤 종목에 투자할 것인지 고민했다.

그런데 위대한 투자자 워런 버핏은 IT 기술주가 아니라 카펫 회사에 투자했다. 그는 벤처기업이 우후죽순처럼 생겨나면 자연스레 인

테리어 수요가 늘어날 것이고, 그러면 당연히 카펫이 많이 팔릴 것이라고 생각했던 것이다. 그의 생각은 적중해서, 나중에 기술주 거품이 꺼질 때 그만은 오히려 매우 큰 투자 효과를 누렸다. 정해진 선택지 중에서 선택하지 않고 새로운 관점에서 접근한 결과 그만의 답을 찾아 성과를 낼 수 있었던 것이다.

이렇듯 선택의 갈림길에 섰을 때, 주어진 틀을 깨고 새로운 가능성을 찾는 것은 더 큰 효과를 창출하는 지름길이 될 수 있다.

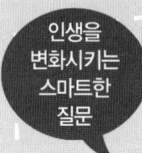

대화의 주도권을 잡는 질문

상대방을 설득해야 하는 경우, 설득하는 사람이 말이 너무 많아서 결국 실패하는 경우가 많다. 사실 설득하는 사람은 원하는 바를 이루려는 마음 때문에 조급해져서 말이 많아지기도 한다. 이럴 때 질문을 활용하면 설득이 조금은 쉬워진다.

- 질문은 상대방의 고충을 파악하게 해준다.
- 질문은 긍정적인 생각을 가질 수 있게 한다.
- 질문은 준비된 설명보다는 훨씬 자연스럽다.
- 질문은 질문하는 사람의 압박감을 덜어준다.
- 질문은 상대방이 주도권을 잡고 있다고 생각하게 한다.
- 질문은 생각할 시간을 벌어준다.
- 질문은 설득하는 사람이 말실수를 할 여지를 줄여준다.
- 질문은 상대방이 답변에 집중하게 만들어서 다른 생각을 할 여유가 없게 한다.

그러므로 설득하려는 사람은 대화의 주도권보다는 질문의 주도권을 잡아야 한다. 대신 상대방에게 대화의 주도권을 넘겨주자. 단, '예' 또는 '아니오'로 답변하게 하는 폐쇄형 질문은 오히려 역효과가 날 수 있다.

왜 질문 본능을 되찾아야 하는가?

마중물

나의 외가는 1980년대 말까지도 상수도가 아닌 지하수를 끌어올리는 펌프를 사용했다. 그런데 지하수란 것이 콸콸 쏟아지다가도 펌프질을 멈추면 땅속으로 들어가버린다. 그다음에는 펌프질을 아무리 해도 물이 나오지 않는다. 이때 물 한 바가지를 펌프에 들이붓고 그 물이 다 빠지기 전에 펌프질을 시작하면 신기하게도 물이 다시 쏟아진다. 이 물을 마중물이라고 하는데, 반가운 손님을 맞이하러 가듯이 땅속 깊이까지 시원한 물을 마중하러 간다고 붙은 이름이다. 수도가 없던 동네에서 소중한 물을 세상 밖으로 꺼내주는 마중물은 마치 빛이나 소금처럼 고맙고도 소중한 존재였다.

그런 면에서 질문은 마중물과 닮았다. 보이지 않는 곳에 숨겨진 답을 찾기 위해서는 질문을 던져야 하기 때문이다. 질문이 없다면 어떤 답도 얻을 수 없다.

필자가 대학교를 졸업하고 처음으로 출근하던 날을 기억한다. 그

때는 의지할 사람도 없는 낯선 공간에서 혼자 힘으로 살아남아야 한다는 느낌이 들었다. 저 사람은 누구이고 어떤 사람인지, 전자결재시스템은 누구한테 배워야 하는지, 정기적인 회의는 언제인지, 주요 일정은 어디에서 확인해야 하는지, 온통 궁금한 것들로 머릿속이 복잡했다. 물론 시간이 지나면 자연스럽게 해결될 궁금증이었지만, 그 전에 잘 아는 사람에게 질문했다면 가장 확실한 답을 그 자리에서 찾을 수 있었을 것이다.

그러나 눈치껏, 어깨 너머로, 알아서 배워야 한다는 생각 때문에 누구에게도 질문하지 않았다. 그래서 선배나 상사가 하는 것을 어깨너머로 보고, 각종 공문서 등을 찾아보며 스스로 배웠다. 때로는 혼자서 넘겨짚는 바람에 잘못된 지식을 배우기도 했고, 스스로 해결하겠다는 오기 때문에 쓸데없이 시간을 낭비하기도 했다. 옆 사람에게 물어보면 바로 해결될 일이었는데 말이다.

질문을 하는 가장 큰 이유는 모르는 것을 알고, 문제에 대한 답을 얻기 위해서다. 포털사이트나 TV 프로그램에 알고 싶은 것을 질문하듯, 스스로에게, 가족에게, 동료에게 질문을 던져보자. 질문은 마중물이 되어 숨어 있는 답을 금세 꺼내어줄 것이다.

무엇을 하고 싶은지 질문하라

직업과 일에 대한 인식은 사실 개인만의 문제가 아니다. 구성원인 개인이 발전하지 않으면 국가의 발전도 없다. 그러므로 개인의 선택에 따라 사회가 바뀐다. 그렇기에 직업과 일에 대한 인식은 개인의 수준에서만 생각할 것이 아니다. 국가는 인적 자원을 개발하고 노동시장을 안정화시키며 정책을 효율적으로 이행하기 위해 개인의 직업에 관심을 가져야 한다.

보릿고개가 있던 1950~60년대에 태어나고 자랐던 기성세대는 먹고사는 것이 우선이었다. 얼마를 받느냐가 직업을 선택하는 데 절대적인 영향을 미쳤다. 직업윤리도 딱히 없었다. 인맥이 가장 큰 자산이었다. 그런 만큼 놀고먹는 것이 지상 최대의 희망이었던 세대가 아니었을까 싶다.

그러나 지금의 세대는 다르다. 일하지 않고 돈을 받는 것을 창피하게 여길 만큼 사람들의 인식은 바뀌었다. 그리고 평생직장의 개념이 없는 요즘에는 오히려 평생직장을 선호한다. 또한 놀고먹는 것을 원하지도 않는다. 일하는 만큼 벌고 그만큼 쓰고 싶어 한다.

그래서인지 예전과는 장래희망이 많이 달라졌다. 우리나라 초등학생의 장래희망을 조사해보니 1위는 연예인, 2위는 운동선수, 3위는 교사, 4위는 의사나 변호사, 5위는 공무원이라고 한다. 고등학생이 되면 연예인이나 운동선수는 순위에서 물러나고 교사와 공무원의 인기도가 상승한다. 공부 좀 한다는 친구들은 의사나 변호사를 노린다.

그런데 이는 부모들이 자녀들에게 바라는 장래 직업과 비슷하다. 신기하게도 학년이 올라갈수록 아이들의 장래희망은 부모의 바람과 똑같아진다.

과연 아이들이 공무원, 교사, 의사, 변호사라는 직업에 대해 얼마나 알고 있을까? 지구상에는 1만 가지 이상의 직업이 있다고 하는데, 수백만 학생의 꿈이 겨우 몇 가지로만 몰리는 이해할 수 없는 촌극이 지금 이 나라에서 벌어지고 있다.

아이들은 원하는 직업이 어떤 것인지, 자신의 적성에 맞는지도 모른 채 그 답을 선택한다. 게다가 부모 중 80%가 아이의 장래희망을 잘 안다고 대답했는데, 그것이 정말로 아이들이 원하는 꿈인지는 의심스럽다.

이런 비극을 멈추려면 아이들이 풍부한 독서와 다양한 경험을 하도록 장려해야 한다. 직업 체험을 하게 하라는 것이 아니라, 여러 가지 활동을 통해 어떤 활동을 좋아하고 무엇에 빠져드는지 아이들 스스로 찾게 해야 한다는 말이다. 그리고 그 과정에는 반드시 질문이 따라야 한다.

질문은 자녀의 인생을 바꾸는 힘을 지닌다. 물론 예, 아니오로 대답하면 끝나는 폐쇄형 질문으로는 이야기가 진행되지 않는다. 그러나 개방형 질문은 더욱 방대한 이야기를 이끌어내고, 상상의 폭을 넓혀 준다.

"무엇을 할 때 가장 즐거워? 그 일이 왜 재미있는 것 같아? 어른이 되면 무슨 일을 하고 싶어?"와 같은 질문을 던지는 것만으로도 아이들의 생각과 적성을 알 수 있다. 아이들이 무엇인가에 집중하거나 반복해서 할 때는 "재미있나 보네. 좀 더 해볼래? 어떤 부분이 재미있어?" 같은 질문을 해보자. 그리고 마음을 열고 이야기를 듣자. 아이들 스스로 좋아하는 일을 찾고 자신의 꿈을 정하고 목표를 세우게 하는 데는 질문만큼 좋은 것이 없다.

이해를 막는 평가와 판단	이해를 돕는 질문
• 이거 다시는 하지 마, 알았어? • 아빠 기분이 어떨 거 같아? • 수학이나 영어를 잘해야지? • 나중에 의사나 변호사가 되는 게 좋지 않을까? • 너한테는 이 옷이 어울려.	• 이건 하면 안 되는데 이유가 뭘까? • 어떤 기분이 들었어? • 어떤 과목이 가장 재미있어? • 나중에 무슨 일을 하고 싶어? • 무슨 옷이 마음에 들어?

부모와 아이를 예로 들긴 했지만, 어른의 경우도 마찬가지다. 상대방의 생각이나 감정을 잘 알기 위해서는 질문하는 것이 중요하다. 물론 표정이나 행동을 살피고, 그동안 했던 말을 되짚어보는 것도 상대방을 이해하는 방법이다. 그렇다고는 해도, 직접 질문해서 듣는 것보다 확실한 답은 없다.

맥킨지 회장이 한국을 선택한 이유

1996년, 맥킨지 캐나다의 촉망받는 한 컨설턴트는 한국에서 일해보자

다양한 관점에서 사물과 현상을 바라본다. 사고가 유연하며, 새로운 지식이나 기술을 받아들이는 데 관대하다. 이들에게는 고정된 모습이 없으며, 변하는 것을 두려워하거나 문제 삼지 않는다. 변화를 당연하게 생각하며, 오히려 변하지 않는 것에 불안을 느낀다.

게다가 실패가 눈에 보이는 듯 자명해도 남은 1%의 가능성에 주목한다. 이들이 변화를 멈춘다면 곧 죽음이 눈앞에 왔다고 할 만큼 변화를 좋아하며, 한곳에 안주해 고인 물이 되는 것을 혐오한다고 할 수 있을 정도로 꺼린다.

변화는 거대 조직의 리더뿐 아니라 모든 이에게 필요하다. 사람은 누구나 저마다 마음속에 세상을 품고 있다. 변하지 않는 세상은 없다. 그러니 변화가 없는 삶이야말로 죽음에 이르는 가장 쉬운 길일지도 모른다.

필자는 2009년에 돌잡이를 하는 큰아들을 보며 변화를 경험했다. 감개무량한 마음으로 바라보다가 "내가 죽은 뒤 내 아들은 나를 어떤 사람으로 기억할까?"라고 던진 질문이 내 생각과 삶을 송두리째 바꿔놓았던 것이다.

어린 시절, 아버지는 내게 든든하고 커 보이기만 했다. 그러나 이제는 작고 약해지셨다. 그런 아버지가 아들의 아들인 손자를 안고 한없이 즐거워하고 있었다. 주름진 얼굴에는 그간의 고생과 고뇌가 고스란히 묻어났다. 가족을 위해 평생을 헌신한 노장의 모습이었다.

이 되면 무슨 일을 하고 싶어?"와 같은 질문을 던지는 것만으로도 아이들의 생각과 적성을 알 수 있다. 아이들이 무엇인가에 집중하거나 반복해서 할 때는 "재미있나 보네. 좀 더 해볼래? 어떤 부분이 재미있어?" 같은 질문을 해보자. 그리고 마음을 열고 이야기를 듣자. 아이들 스스로 좋아하는 일을 찾고 자신의 꿈을 정하고 목표를 세우게 하는 데는 질문만큼 좋은 것이 없다.

이해를 막는 평가와 판단	이해를 돕는 질문
• 이거 다시는 하지 마, 알았어? • 아빠 기분이 어떨 거 같아? • 수학이나 영어를 잘해야지? • 나중에 의사나 변호사가 되는 게 좋지 않을까? • 너한테는 이 옷이 어울려.	• 이건 하면 안 되는데 이유가 뭘까? • 어떤 기분이 들었어? • 어떤 과목이 가장 재미있어? • 나중에 무슨 일을 하고 싶어? • 무슨 옷이 마음에 들어?

부모와 아이를 예로 들긴 했지만, 어른의 경우도 마찬가지다. 상대방의 생각이나 감정을 잘 알기 위해서는 질문하는 것이 중요하다. 물론 표정이나 행동을 살피고, 그동안 했던 말을 되짚어보는 것도 상대방을 이해하는 방법이다. 그렇다고는 해도, 직접 질문해서 듣는 것보다 확실한 답은 없다.

맥킨지 회장이 한국을 선택한 이유

1996년, 맥킨지 캐나다의 촉망받는 한 컨설턴트는 한국에서 일해보자는 선배의 제안을 받았다. 그의 멘토들은 한국에서의 근무가 힘들 뿐 아니라 경력에 아무 도움도 되지 않을 것이라며, 그 제안을 거절하라고 조언했다.

그러나 그는 한국행을 택했고 1997년에 맥킨지 한국사무소로 부임했다. 공교롭게도 부임한 직후 IMF가 터졌다. 나라가 휘청거릴 만큼 크나큰 외환위기가 닥친 것이다.

그는 한국 기업을 대상으로 과감한 전략을 펼쳤고, 그 실적을 인정받아 2000년에는 한국사무소 대표가 되었다. 2004년에는 중국 상하이로 자리를 옮겨서 맥킨지 아시아 회장으로 승진했다. 무려 12년을 아시아에서 보낸 특별한 경력은 2009년에 맥킨지 글로벌 회장으로 선출되는 데 결정적인 영향을 미쳤다.

그가 바로 도미니크 바튼이다. 지금은 전 세계 100대 기업 중 90곳을 컨설팅하면서 매출액 10억 달러 이상인 회사 중 315개 회사의 CEO가 몸담았던 세계 최대의 컨설팅 회사인 맥킨지를 이끌고 있다. 그는 한국에서의 7년을 이렇게 회고했다.

"많은 변화가 있는 곳, 급격한 변화가 있는 곳일수록 빨리 성장할 수 있습니다. 저에게 최고의 리더십 경험은 이곳에서 사는 것이었습니다. 리더는 변화 속에서 배우거든요. 많은 변화가 있었고, 많은 도전을 받았고, 그리고 많은 것을 배울 수 있었습니다. 서울과 상하이의 삶은 마치 커튼이 열리는 현장을 목격하는 것 같았습니다."

- 『더 인터뷰』(21세기북스) 중

그가 캐나다에서 한국을 거쳐 중국에서 일하게 된 것은 "어떻게 성장할 것인가?"라는 질문 때문이었다. 그는 늘 변화를 추구하고 발전을 도모한다. 그에 따르면, 1935년 S&P500 주가지수에 포함된 500개 회사의 평균 수명은 90년이었는데, 지금은 18년에 불과하다고 한다. 그 이유는 기업이 변화에 대해 저항하기 때문이라는 것이다. 그래서 그는 지금도 매너리즘을 경계하며, 거울을 들여다보면서 "필요한 만큼 빨리 변화하고 있는가?" 하고 자문한다.

몽골제국을 건설한 칭기즈칸은 성을 쌓는 자는 망하고 끝없이 이동하는 자는 흥할 것이라고 말했다. 800년 전에 살았던 그가 한 말은 21세기에도 적용된다. 디지털 시대를 살아가면서 끊임없이 변화를 추구해야 한다는 사실은 예나 지금이나 다를 바가 없다.

현실에 안주해 견고하게 성을 쌓는 사람은 독선적이고 자만에 빠지기 쉽다. 성벽이 높아질수록 새로운 지식이나 다양한 관점을 받아들이기 어려워지며, 오로지 자신의 시각에서만 사물과 현상을 판단하기 때문이다.

이런 사람은 변화보다 안정을 추구하며, 성공의 가능성을 찾기보다는 실패할 경우를 걱정한다. 그러다 보니 점점 화석처럼 굳어져서 변화의 가능성은 찾아보기 어렵다. 만일 이들이 변화하겠다고 마음먹는다면 곧 땅이 꺼지거나 하늘이 무너진다는 증거라고 할 만큼 변화를 싫어하고 기피한다.

반면 변화를 추구하며 움직이는 사람은 자신만의 주관을 가지고 다양한 관점에서 사물과 현상을 바라본다. 사고가 유연하며, 새로운 지식이나 기술을 받아들이는 데 관대하다. 이들에게는 고정된 모습이 없으며, 변하는 것을 두려워하거나 문제 삼지 않는다. 변화를 당연하게 생각하며, 오히려 변하지 않는 것에 불안을 느낀다.

게다가 실패가 눈에 보이는 듯 자명해도 남은 1%의 가능성에 주목한다. 이들이 변화를 멈춘다면 곧 죽음이 눈앞에 왔다고 할 만큼 변화를 좋아하며, 한곳에 안주해 고인 물이 되는 것을 혐오한다고 할 수 있을 정도로 꺼린다.

변화는 거대 조직의 리더뿐 아니라 모든 이에게 필요하다. 사람은 누구나 저마다 마음속에 세상을 품고 있다. 변하지 않는 세상은 없다. 그러니 변화가 없는 삶이야말로 죽음에 이르는 가장 쉬운 길일지도 모른다.

필자는 2009년에 돌잡이를 하는 큰아들을 보며 변화를 경험했다. 감개무량한 마음으로 바라보다가 "내가 죽은 뒤 내 아들은 나를 어떤 사람으로 기억할까?"라고 던진 질문이 내 생각과 삶을 송두리째 바꿔놓았던 것이다.

어린 시절, 아버지는 내게 든든하고 커 보이기만 했다. 그러나 이제는 작고 약해지셨다. 그런 아버지가 아들의 아들인 손자를 안고 한없이 즐거워하고 있었다. 주름진 얼굴에는 그간의 고생과 고뇌가 고스란히 묻어났다. 가족을 위해 평생을 헌신한 노장의 모습이었다.

그 모습을 보며 내 지난 삶과 앞으로의 인생을 그려보았다. 프랑스의 시인이자 사상가인 폴 발레리의 말을 접한 것도 이즈음이었다. "생각대로 살지 않으면 사는 대로 생각하게 된다."

"아들이 나를 어떤 사람으로 기억할까?"라는 질문은 한동안 나를 괴롭혔다. 이 질문은 가슴속에 쌓아놓은 유리성을 집요하게 두드렸다. 1년이 지난 뒤 성은 무너졌고, 그 속에는 오랫동안 잊고 있었던 꿈이 잠들어 있었다. 자상한 아버지, 경제적으로 풍요로움을 준 아버지, 가정을 우선시했던 아버지로만 기억되기에는 어딘지 스스로가 만족스럽지 않았다.

고민을 거듭한 끝에 답을 찾았다. 하고 싶은 일에 열정을 쏟고 늘 도전하는 사람, 불가능보다는 가능성을 보는 사람, 그래서 존경스러운 사람이 되고 싶었다.

결국 경제적으로 안정된 직업 대신 새로운 삶의 방향을 찾았다. 필자의 삶을 180° 바꾼 것은 이러한 답을 얻기까지 끊임없이 스스로에게 던진 질문이었다.

브랜드와 전통의 탄생

성공으로 가는 길은 험난하고 외롭다. 게다가 열정과 의지에 찬물을 끼얹는 유혹이 도처에 숨어 있다. 그래서 유혹을 물리칠 만한 든든한 무기가 필요하다. 이때 질문은 가장 효과적인 무기가 된다. 강력한 질문은 핵심을 파악하고, 무한한 가능성을 창조하며, 장애물을 넘어뜨려 성공으로 이끈다. 그러므로 성공하고 싶다면 적절한 질문을 적시에 던져야 한다.

주유소를 경영하던 40세의 남자가 있었다. 그는 어느 날 주유소 주변에 음식점이 없어서 불편하다는 손님의 이야기를 들었다. 그래서 "간단한 음식을 만들어 팔면 어떨까?" 하고 생각하게 되었고, 어려서부터 요리에 재주가 있었던 덕에 닭튀김을 만들어 팔기 시작했다.

그는 여느 닭튀김과는 달리 압력밥솥을 이용하여 빠른 시간에 닭을 튀겨냈다. 게다가 11가지 특별 양념을 개발하여 배고픈 여행객들의 입맛을 사로잡았다. 그의 닭튀김은 점점 유명해졌고, 식당의 규모도 커졌다.

그런데 갑자기 주유소에 원인 모를 화재가 일어났다. 게다가 인근에 주유소를 우회하는 고속도로가 개통되면서 손님마저 줄어들어서 결국 파산에 이르렀다. 그는 갑작스러운 시련에 삶을 포기할 생각마저 들었지만, 마음을 고쳐먹었다.

그래서 그는 치킨을 직접 만들어 팔 것이 아니라 식당에 자신의 치킨 조리법을 팔아야겠다고 마음먹었다. 그는 무작정 식당 문을 두드렸다. 첫 계약은 무려 1,009번째로 방문한 식당에서 성사되었다. 이 이야기의 주인공은 지금은 전 세계 80여 개국에 1만 여 개의 매장을 가진 세계적인 기업 KFC의 창업주 할랜드 커널 샌더스다.

그에게 성공을 안겨준 질문은 2가지였다. 처음 닭을 튀길 때 그는 닭튀김을 "어떻게 차별화할 것인가?" 하고 질문했다. 그리고 66세의 나이에 파산했을 때, "내가 가장 잘하는 것은 무엇인가?"를 묻고 그 답을 찾았다.

2004년, 맥주 업계 4위인 벨기에의 '인터브루'가 5위인 브라질의 '암베브'와 합병되면서 시장점유율 1위의 '인베브'가 탄생했다. 이후 미국의 '안호이저부시'를 사들이며 'AB인베브'로 거듭났고, 2012년에는 멕시코의 '그루포 모델로'까지 인수했다. 그래서 2013년에는 시장점유율 19.7%를 기록하며 현재 부동의 1위 자리를 지키고 있다. 업계 2위인 '사브밀러' 역시 영국의 '사브'가 미국의 '밀러'를 인수하여 만든 회사다.

그런데 업계 3위를 차지하고 있는 하이네켄은 몸집을 부풀리며 경쟁력을 높이는 경쟁 기업들과는 다른 행보를 보이고 있다. 2014년 9월 14일, 하이네켄은 맥주 시장 1위를 노리는 업계 2위 '사브밀러'의 인수 제안을 거절했다. 지분의 50% 이상을 보유하고 있는 하이네켄 가문은 합병을 거절한 이유를 "하이네켄의 전통과 정체성을 지키기 위해서"라고 밝혔다.

1863년, 헤르하트 에이드리안 하이네켄이 암스테르담의 양조장을 인수하여 맥주를 만들어 팔면서 하이네켄의 역사는 시작되었다. 그는 "어떻게 차별화시킬 것인가?"를 고민하던 끝에, 당시 대부분의 맥주를 만들 때 사용하던 상면발효기법(진하고 도수가 높음)을 버리고 거액을 투자하여 하면발효기법(부드럽고 도수가 낮음)을 도입했다. 나아가 맥주의 종주국인 독일에서 유명한 양조가를 초빙해 대량생산 시스템을 갖추면서 네덜란드 소비자들의 입맛을 사로잡았다. 이렇게 성장을 거듭하면서 1873년에는 하이네켄 맥주회사를 설립하기에 이른다.

　이후에도 차별화에 대한 끝없는 질문은 계속되었고, '하이네켄 A-이스트'라는 순수 효모를 추출하는 데 이른다. 이는 하이네켄 특유의 쌉싸름한 맛을 만들어내는 데 결정적으로 기여했다.

　세대를 거듭하면서 하이네켄은 더욱 발전하게 되는데, 하이네켄 고유의 병 색깔인 녹색은 그의 손자 알프레드 하이네켄이 정착시킨 것이다. 그는 또한 'Heineken'에 있는 3개의 알파벳 'e'를 약간 기울여 웃고 있는 듯 보이게 디자인해서 소비자들이 하이네켄을 더욱 친근하게 느끼게 만들었다.

　이후에도 '청량감'과 같은 연도별 메시지를 정해서 현대적인 기법의 마케팅을 계속했다. 그는 60년 전부터 맥주를 하나의 브랜드이자 문화로 보고 앞서갔던 것이다.

　이렇게 발전해온 하이네켄은 거대 기업의 인수 제안을 접했을 때, "우리의 가치는 무엇인가? 소비자에게 하이네켄은 무엇인가? 네덜란드인에게 하이네켄은 어떤 의미가 있는가?"라는 질문을 던졌고, 그 결과 인수 합병은 답이 아니라는 결론에 도달했다. 오히려 전통과 정체성을 지켜야 하이네켄의 가치를 높일 수 있다고 생각한 것이다.

　창업주로부터 이어진 남다른 질문들은 브랜드의 가치를 더욱 빛나게 하고 유일한 것으로 만들었다. 그래서 브랜드의 전통이 150년이나 지속되어온 것이다.

　사람마다 돈, 건강, 친구, 명예, 권력 등 성공의 기준은 다르다.

그러나 전혀 달라 보이는 이런 요소들의 공통점이 있다면 쉽게 얻을 수 없다는 것이다.

누구나 성공을 바라지만, 아무나 성공할 수는 없다. 모든 기업이 성공을 꿈꾸지만, 150년 이상 기업을 유지하기는 여간 어려운 일이 아니다. 성공이 말처럼 쉽다면 성공하는 법을 가르치는 책이 이토록 많이 쏟아져나올 이유가 없다. 누구나 힘들이지 않고도 성공할 수 있다면, 나폴레온 힐이나 데일 카네기는 지금처럼 유명해지지 못했을 것이다.

대부분의 사람들은 자신이 무엇을 원하는지도 알지 못한 채 생을 마감한다. 목표가 없으니 당연히 그에 따른 구체적인 행동들도 계획할 수 없다. 왜 질문해야 하는지 궁금하다면, 성공을 떠올려라. 절망적인 순간에도 자신이 하고 싶은 일을 선택한 커널 샌더스처럼, 무엇을 열렬히 원하는지 알고 있어야 한다. 그럴 수 없다면 남들이 한다고 덩달아서 새해 계획을 세우는 의미 없는 짓은 당장 그만두자.

성공은 결코 쉽지 않다. 질문이 성공을 보장하는 것도 아니다. 그러나 질문이 없다면 성공은 없다. 의미 없는 계획을 세우는 데 시간과 노력을 낭비하지 말고, 무엇을 위해 살 것인지, 무엇을 위해 계획을 세우는지 이유와 목적부터 찾아보자. 그러기 위해서는 질문을 시작해야 한다.

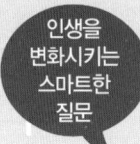
인생을 변화시키는 스마트한 질문

나는 이유 지향형인가, 목적 지향형인가?

"왜?"라는 질문에 대한 답은 두 가지 유형으로 구분된다. 하나는 이유이고, 다른 하나는 목적이다. 어떻게 다른지 아래 질문을 통해 알아보고, 무엇을 지향하는 것이 옳을지 고민해보자.

1. 왜 여행을 가려고 하는가?
  A: 과로로 심신이 지쳤기 때문에
  B: 새로운 환경을 경험하고 아이디어를 얻으려고

2. 왜 지금 하는 일을 하고 있는가?
  A: 아침에 상사가 시켜서 / 내가 해야 할 일이기 때문에
  B: 이 일이 마무리되어야 다른 사람들의 업무가 진행되기 때문에

3. 왜 모임에 나가려고 하는가?
  A: 모임은 정해진 것이므로 / 한동안 나가지 못해서
  B: 오랜만에 친구들과 이야기를 나누기 위해서

4. 왜 독서를 하는가?
  A: 아는 것이 부족하고 생각의 폭도 좁아서
  B: 다양한 관점에서 바라보는 능력을 키우기 위해서

모든 행동에는 반드시 이유나 목적이 있다. 이유와 목적은 얼핏 같아 보이지만 엄밀히 따지면 다르다. 예를 들어, 바쁘게 뛰어가는 동료에게 왜 서두르

느냐고 물었더니, "회의 시간이 다 되어가는데 늦지 않기 위해서"라고 대답했다고 하자. 이때 회의 시간이 다 되어가는 것은 서두르는 이유이며, 늦지 않으려는 것은 목적이 된다.

"왜?"라는 질문을 생각할 때는 이유보다 목적에 집중하는 편이 좋다. 목적은 앞날의 일, 즉 미래이기 때문이다. 일이 발생한 배경이나 역사, 즉 과거를 아는 것도 중요하지만 과거에만 집중하다 보면 앞으로 나아갈 방향을 놓칠 수 있다. 이유와 함께 목적을 분명히 알아야 의미를 찾을 수 있고 어려움에 직면해서도 방향을 잃지 않을 수 있다.

앞에서 제시한 질문에 정답은 없다. 그러나 A는 이유를, B는 목적을 지향하는 답이다.

많은 사람들이 이유와 목적을 모두 고려한다고 생각하지만, 정작 상황이 어려워지면 이유만 따지게 된다. 그런데 이유를 지향하는 사람은 왜 상황이 이렇게 되었는지 배경이나 상황만 따지기 때문에 일이 흘러가야 하는 미래의 방향은 놓치는 경우가 많다.

직장인들 중에 피곤해서 주말을 잠으로 보내지만, 결국 더 피곤해지곤 하는 경우가 많을 것이다. 쉬는 목적은 재충전하기 위해서인데, 피곤해서 쉰다는 이유만 생각하니 쉬어도 더 피곤해지고 마는 것이다. 재충전이라는 목적을 생각한다면 등산, 나들이 등의 바깥 활동으로 스트레스를 풀 수도 있다.

이유는 행동의 배경을 알려주고, 목적은 그 행동이 전개될 방향을 제시한다. 중요한 점은 무슨 일을 하든 목적이 분명해야 길을 잃지 않는다는 사실이다. 삶이 일렁이는 물결이나 살랑거리는 바람에 따라 흔들리지 않으려면 언제나 가야 할 바를 알고 있어야 한다.

제대로 된 질문을 해야 하는 이유

황제들의 약점

궁금하면 참지 말고 질문해야 한다지만, 질문도 고민해서 해야 한다. 지금 던지는 질문이 오늘뿐 아니라 내일까지도 결정하기 때문이다. 미국 최고의 인터뷰 진행자로 불리는 켄 콜먼은 "내가 살아가는 오늘은 어제의 질문들로 이루어졌다"고 말했다. 이는 지금 머릿속에 떠오른 질문이 앞으로의 자신의 행동과 생각을 결정한다는 뜻이다. 그러므로 부적절한 질문은 삶을 미궁으로 빠뜨리지만, 좋은 질문은 질적인 변화와 성공을 안겨준다.

그렇다면 질문은 문제를 바라보는 관점이며 철학이 된다. 그러므로 하루를 힘들고 피곤하게 만드는 질문이 아니라, 에너지가 넘치고 희망찬 질문을 해야 한다.

우리 사회는 경쟁적인 환경이어서 외모, 성격, 능력 등 어느 하나도 부족해서는 안 된다고 생각한다. 그래서 사람들은 약점을 보완하기 위해 노력한다. 이런 노력은 "나의 약점은 무엇인가? 어떻게 보완할 것인가?"라는 질문에서 출발한다. 그래서 뚱뚱한 몸매를 가리려고 세로줄무늬 옷을 입거나, 얼굴이 크면 머리카락이나 화장으로 가리려 한다. 또한 세심한 성격은 숨기고 활발하게 보이려고 사교 활동을 늘리거나, 업무에는 쓰이지 않더라도 영어를 잘하기 위해 공부한다.

그런데 최근의 연구 결과는 놀랍게도 약점을 보완하는 것이 경쟁력을 높이는 데는 오히려 부정적이라고 한다. 모든 사람이 자신에게 부족한 부분을 채우려 하다 보니, 개인뿐 아니라 기업마저 비슷해지고 평준화되어서 오히려 경쟁력이 떨어진다는 것이다.

그래서 하버드 경영대학원 역사상 첫 한국인 종신교수인 문영미 박사는 "맥도날드는 매장 안에 커피 바를 만들고, 스타벅스는 아침식사 메뉴를 개발하고 있다"며 기업이나 서비스의 평준화 현상을 비판했다.

골프 황제라고 불리던 타이거 우즈는 벙커를 탈출하는 칩샷 능력이 떨어졌지만, 코치인 부치 하몬은 부족한 칩샷 능력을 채우는 연습은 시키지 않았다. 대신에 벙커 플레이는 일정 수준에 이를 만큼만 연습하고, 나머지 시간에는 그의 강점인 스윙을 더욱 정교하고 완벽하게 다듬는 데 집중했다. 약점을 보완하는 대신 강점을 더욱 강화하는 전략을 택한 것이다.

클레이 코트의 황제라고 불리는 라파엘 나달은 빠른 발을 바탕으로 포핸드를 주로 사용하는 테니스 선수다. 세계 랭킹 1, 2위를 다투고 있지만, 사실 그는 백핸드에 약하다. 다만 어려서부터 포핸드를 유독 잘 쳤기에 그 부분을 더욱 강화시켰을 뿐이다. 심지어 반대쪽으로 공이 날아오더라도 두세 걸음을 더 뛰어가서 포핸드로 칠 정도다.

그가 백핸드에 약하다는 것은 잘 알려진 사실이니 공략하기 쉬울 것 같지만, 그렇지 않다. 발이 워낙 빠른 데다 포핸드가 너무나 정교하고 강력하기 때문에 반대쪽으로 공을 보내기도 어려울 정도다. 나달은 자신의 약점을 고치기보다는 강점을 더욱 강하게 만들어서 세계 챔피언이 되었다. 클레이 코트에서 그의 승률은 무려 93%에 달한다.

이렇듯, 약점을 어떻게 보완할지에 치중하기보다는 강점을 더욱 강화하는 방법을 고민하면 삶이 더욱 활기차게 변할 것이다. 오늘 하루가 피곤하기만 하고 만족스럽지 않았다면, 과연 스스로에게 어떤 질문을 던지며 하루를 보냈는지 돌아보자.

한끗 차이

인간에게 주어진 축복 중 하나는 망각하는 능력이다. 만약 잊지 않고 모든 것을 기억한다면 인간의 머리는 사소하고 잡다한 기억들로 가득 차고 말 것이다. 특히 생각하기 싫은 과거의 기억들을 잊지 못한다면 행복한 미래는커녕 현재의 일상생활도 제대로 하기 어려울 것이다. 그러므로 기억하기 싫은 사람이나 사건을 잊는 것, 혹은 다른 사람에게 잊히는 것은 피할 수 없는 숙명인 동시에 건강한 삶을 살도록 신이 준 선물이다.

그런데 대개는 "다른 사람에게 잊히면 어떻게 하지?"라며 불안해한다. 누군가 나를 잊거나 제대로 기억하지 못한다면 그다지 즐겁지는 않을 것이다. 특히 대중의 인기를 먹고사는 연예인들은 팬들의 기억에서 자신의 이름이 지워질까 봐 늘 불안해한다. 그래서 불안감을 이기지 못하는 사람들은 금지된 약물에 손을 대기도 한다. 그러면 그 순간 그의 삶은 전혀 다른 방향으로 전개된다. 연예인뿐만이 아니다. 타인의 시선을 신경 쓰지 않는 사람도 있긴 하지만, 대부분의 사람들은 다른 사람들에게 좋게 보이고 좋은 기억만 남기려 하며 잊히지 않으려 노력한다.

그렇지만 누구나 망각한다. 모든 것을 기억하는 일은 불가능하기 때문이다. 대개 일상생활에 영향을 주지 않는 사건이나 인물에 대해서는 잊고 지낸다. 그런 정보는 우선순위에서 밀려나 뇌 속 깊숙이 저장되어 좀처럼 떠오르지 않기 때문이다.

그러다가 그것을 연상시키는 요인과 만나면 기억이 되어 머릿속에 갑자기 등장한다. 이때 여러 가지 요소들이 작용하여 새로운 이미지를 만들어내기도 한다. 즉, 어떤 인물이나 사건은 시간이 지날수록 더 아름답게 미화될 수도 있고, 나빠질 수도 있다.

가끔 졸업앨범을 들여다보면 잊고 지내던 학창 시절이 떠오른다. 그러면 잊고 지내던 기억들, 재미있었던 일, 힘들었던 일, 옛 친구가 하나둘 기억난다. 나를 괴롭히기만 하던 친구가 용서되기도 하고, 힘들었던 일이 미소 짓게 하는 추억이 되기도 한다. 이렇게 모든 일은 잊혔다가 기억에서 되살아난다.

그러니 자신의 존재가 잊히는 것을 두려워할 필요는 없다. 쓸데

없는 두려움으로 시간을 허비해서는 안 된다. 정작 두려워해야 하는 것은 "누군가의 기억 속에 어떤 모습으로 존재하는가?"라는 것이다. 그가 이따금, 또는 수시로 나를 기억에서 끄집어낼 때 어떤 모습으로 떠오르느냐 하는 것이 중요하다. 그리고 이때 어떤 모습으로 떠오를지는 지금 어떻게 행동하는가, 그리고 무엇을 남기는가에 달려 있다.

"어떻게 하면 잊히지 않을 것인가?"와 "어떻게 기억될 것인가?"는 한끗 차이의 질문이지만, 두 질문이 이끌어가는 방향은 전혀 다른 곳임을 명심하자.

남다른 질문이 남다른 답을 준다

『더 인터뷰』는 독특한 영감을 불러일으키는 경영 사상가이자 베스트셀러 작가인 세스 고딘, 세계적인 문화인류학자인 제레드 다이아몬드, 『하워드의 선물』이란 책으로 잘 알려진 하버드 경영대학원 명예교수 하워드 스티븐슨, 애니메이션의 거장 미야자키 하야오, 에버노트의 창업주인 필 리빈 등 세계를 뒤흔든 리더 30인과의 인터뷰를 담고 있는 책이다. 이 책을 읽다 보면 좋은 질문을 만들기 위한 인터뷰 담당자들의 고민을 엿볼 수 있다.

대가들과의 인터뷰를 담당한 기자들은 시간을 들여 그들을 분석하고 남다른 질문을 찾기 위해 고민했다. 그동안 누구도 하지 않은 질문을 던져야만 그 대답 또한 그동안 한 번도 이야기되지 않았던 것일 가능성이 높기 때문이다.

모든 사람이 세일즈맨이 된다는 『파는 것이 인간이다』를 쓴 세계적인 미래학자 다니엘 핑크와의 인터뷰에서 담당 기자는 "모든 사람이 세일즈맨이 되는 세상은 유토피아인가요, 디스토피아인가요?"라고 질문했다. 이 질문을 받고 다니엘 핑크는 고민했다. 그는 매우 흥미로운 질문이라고 거듭 말하더니 이렇게 답변했다.

"정보의 균등화는 세일즈맨에게는 반갑지 않은 일이지만 이것에 적응해야 합니다. 세일즈맨과 소비자가 대등한 위치에 있기에 더 합리적이고 공정한 거래가 이뤄지는 것이지요. 유토피아에 가까워지는 겁니다."

이들의 남다른 질문과 대답은 IT의 발달과 정보의 균등화, 공정한 거래가 하나로 연결되어 있음을 깨닫게 해주었다.

다니엘 핑크뿐만 아니라, 세계적인 산업디자이너 카림 라시드, 하버드 경영대학원 교수 마이클 노튼 등은 남다른 질문을 받은 뒤 새로운 관점에서 답을 제시했다.

필자 또한 좋은 질문, 남다른 질문을 하는 것이 얼마나 어려운지 경험한 적이 있다. 2007년에 필자는 장교의 신분으로 서울대학교 대학원에서 석사학위 과정을 밟았다. 그래서 과학자 프로젝트의 연구원이 되어 미래의 노벨상 후보자들인 과학자들을 만나기 위해 서울, 포항, 대전 등지를 뛰어다녀야 했다. 이틀에 한 번씩 지방으로 출장을 다녔고, 2~3시간에 달하는 인터뷰가 끝나면 내용을 분석하는 데 많은 시간을 쏟았다. 그러나 가장 힘든 일은 질문 목록을 만드는 것이었다.

먼저 과학자들의 프로필을 분석한 뒤 질문을 정리하고 예상 답변에 따라 그다음 질문을 구성해야 했는데, 대가들을 상대하다 보니 질문이 적절한 것인지 신경이 쓰였다. 과학자의 유년 시절, 성장 과정, 대학 생활 등 그들의 배경과 현재의 상황에 맞는 질문 목록을 만드는 데만 보통 2~3일씩 걸렸다.

지금도 기억나는 질문이 있다. "반복되는 실패에도 연구를 계속하는 힘은 무엇인가요? 진리를 향한 열망입니까? 아니면 과학의 발전을 위한 사명감입니까?"

이 질문을 받은 한 생물학자는 인터뷰하는 동안 마땅한 답을 찾지 못했는지 대답하지 않았다. 그런데 몇 개월이 지나고 연구 결과가 책으로 출판된 뒤에야 메일을 보내서 질문에 답해주었다.

그녀는 한동안 무엇을 해야 할지, 연구를 계속할지조차 갈피를 잡지 못하고 있었는데 자신이 연구를 선택한 진정한 이유를 다시금 깨닫게 되었다며 감사의 말을 전했다. 그리고 누구든 관심을 가져주지 않더라도 과학계의 발전을 위해 평생 작은 부분이나마 채워나가겠다고 했다.

이렇듯 세계를 뒤흔든 유명한 경영가나 혁신가 또는 과학자와의 인터뷰를 떠올리지 않더라도 우리는 늘 질문 속에서 살아가고 있다. 사실 인간의 삶을 질문과 분리해서 설명하는 것은 불가능하다. 내가 다른 사람에게 질문을 던지듯, 다른 사람들도 내게 질문을 던진다. 이렇게 서로 묻고 답하는 것이 삶이기 때문이다.

그러나 나를 향한 질문이 모두 옳은 답을 찾아주거나 변화를 가져오지는 않는다. 질문하는 것은 쉽지만, 변화와 성공을 이끌어낼 만큼 좋은 질문을 던지기는 어렵기 때문이다.

일본 최고의 정리 컨설턴트인 곤도 마리에는 "무엇을 버릴 것인가가 아니라 무엇을 남길 것인가?"라고 질문해야 한다고 말한다. 일본에서 100만 부 이상 팔린 『인생이 빛나는 정리의 마법』이 정리나 수납 분야가 아닌 심리나 자기계발 분야로 분류되는 이유는 그 속에 삶에 대한 깊은 통찰이 담겨 있기 때문이다.

그녀는 질문을 통해 정리란 불필요한 물건을 버리는 것이 아니라 우리에게 진정 소중한 것만 남기는 과정임을 깨닫게 해준다. 또한 이는 변화와 성공을 안겨줄 만큼 좋은 질문, 이전에는 존재하지 않았던 남다른 질문을 찾아야 하는 이유를 보여주는 예다.

이렇듯 사람들은 질문을 고민하고 활용하여 남다른 성공을 거두고 일가를 이룬다. 자신이 하고픈 일, 살아가고 싶은 삶이 있다면, 남다른 질문, 좋은 질문을 찾아보자.

나무에서 떨어진 베테랑

질문을 고민해야 하는 또 다른 이유는 잘못된 질문이 그동안 쌓아올린 공든 탑을 무너뜨릴 수 있기 때문이다.

2014년 4월 25일, 미국의 버락 오바마 대통령이 한국을 4번째로 방문했다. 당시 우리나라는 사상 초유의 희생자를 낸 세월호 사고로 온 국민이 비통해하고 있었다. 그래서 정상회담 전에는 희생자를 위한 묵념의 시간을 갖기도 했다. 오바마 대통령은 여객선이 침몰한 당일 백악관에 게양되었던 성조기를 박근혜 대통령에게 전하며 애도의 뜻을 표했고, 단원고등학교에 부활을 상징하는 목련 묘목을 보내기도 했다.

정상회담에서 양국 정상의 모두발언이 끝나고 4차례의 질의응답이 이어졌다. 그런데 마지막 질문 주자로 나선 ABC 방송의 백악관 특파원이자 베테랑 기자인 조나단 칼은 오바마 대통령에게 이런 질문을 던졌다.

"푸틴 대통령이 물에 빠지면 그를 구할 겁니까? 당신이 물에 빠지면 푸틴 대통령이 구해줄 것이라 생각하나요?"

당시 오바마 대통령은 우크라이나의 유혈 사태로 인한 크림반도 병합 문제로 러시아 푸틴 대통령과 대립하고 있었다. 이런 상황에서 한미정상회담이 열리기 얼마 전에 러시아의 푸틴 대통령은 한 국영방송에 출연해서 "당신이 물에 빠지면 미국의 오바마 대통령이 구해줄 것이라고 생각하느냐?"는 질문에 "그렇다"고 답한 적이 있었다. 기자는 미국과 러시아 정상 간의 기 싸움에 불을 붙이려던 의도로 똑같은 질문을 오바마에게도 던졌다. 오바마 대통령은 당연히 그를 구할 것이며, 그가 아닌 누구라도 물에 빠지면 구하겠다고 원론적으로 답했다.

그런데 조나단 칼의 질문은 우리나라 사람들뿐 아니라 당시 우리나라의 상황을 알고 있던 수많은 사람들을 분노하게 했다. 곤경에 처한 상황을 설명하기 위해 '물에 빠진'이란 비유를 쓴 것이 치명적인 실수였던 것이다. 우리나라의 정서와 상황을 고려하지 않은 그의 행동에 여론은 들끓었고, 조우성 기업분쟁소 변호사는 ABC 방송에 항의서한을 보내기도 했다. 결국 ABC 방송은 논란이 발생한 지 5일 만에 사과문을 발표했다.

필자도 질문을 잘못해서 실례를 범한 적이 있다. 지인들과의 모임이 있던 어느 날, 한 시간이나 늦게 도착하는 바람에 이미 상당히 실례를 저지른 상황이었다. 그래서 미안함을 만회하려 오랜만에 만난 지인들에게 이런저런 질문을 던졌다. 그러나 필자가 도착하기 전에 이미 나눈 이야기였다. 이런 사실을 한참 뒤에 한 지인이 귀띔해주는 바람에, 얼굴이 화끈거리는 것을 숨기느라 혼난 적이 있다.

상대의 호감을 얻으려는 질문이 그 사람에 대해 아는 바가 전혀 없는 것처럼 비추어져서 곤란한 경우도 있고, 회의장에서 자신의 존재감을 표현하려 던진 질문이 회의 내용에 대한 이해가 부족하거나 준비가 미흡한 면을 드러내기도 한다.

질문은 상황과 적절히 조화를 이룬다면 대화를 매끄럽게 이어가게 해준다. 마음에 와 닿는 질문은 강력한 힘을 발휘해서 질문을 받은 사람이 변화하기도 한다. 그러나 그 힘이 잘못 사용되면 오랫동안 쌓아올린 공든 탑을 무너뜨리기도 한다.

안전하지 않다는 것을 증명할 수 있는가?

1986년 1월 28일 11시 38분, 우주왕복선 챌린저호는 하늘로 날아올랐다. 7명의 승무원이 챌린저호의 10번째 임무를 수행하기 위해 탑승해 있었다. STS-51-L로 명명된 이번 임무는 인공위성(TDRS-B)의 궤도 투입, 핼리 혜성 관측, 원격 수업이었다.

승무원 중에서 크리스타 맥컬리프는 37세의 고등학교 여교사로, 우주 공간에서의 원격 수업을 위해 선발된 비우주인 과학자였다. 또한 비공식적으로는 흑인 물리학자인 멕네어가 색소폰을 연주할 계획이었다.

영하 2도를 오르내리는 추운 날씨에도 불구하고, 승무원의 가족과 크리스타 맥컬리프의 제자를 포함한 수많은 관중들이 역사적인 광경을 지켜보기 위해 발사 현장을 찾았다. 또한 전 세계의 수많은 사람들이 CNN의 생중계를 시청하고 있었다.

그러나 야심차게 하늘로 날아오른 챌린저호는 발사 73초 만에 공중에서 폭발했고, 가족들의 눈앞에서 승무원이 모두 산화하는 비극이 일어났다.

이 사고로 대통령 산하 사고조사위원회가 구성되었고, 대형 참사의 원인을 규명하기 위한 절차를 밟기 시작했다. 청문회를 포함하여 수개월간에 걸쳐 조사한 끝에, 사고의 직접적인 원인은 고체 추진 로켓의 고무링(O-RING) 설계 결함으로 드러났다.

그러나 더 큰 문제는 발사에 관련된 사람들이 발사 이전에 고무링의 결함을 알고 있었으며, 발사 직전까지도 발사 여부를 두고 격렬히 논의했다는 것이다. 왜 결함을 알고 위험한 상황이 일어날 줄 알면서도 사고를 막지 못했을까?

사고 전날, 고체 추진 로켓을 납품하는 모턴 티오콜 사는 추운 날씨가 고체 추진 로켓의 발사에 어떤 영향을 미칠지 분석하기 위한 회의를 소집했다. 발사 당일에 기온이 영하로 떨어지리라는 예보를 접한 NASA의 한 관계자가 관련 자료를 요구했기 때문이다.

그런데 예전의 우주왕복선은 모두 섭씨 12도 이상에서 발사되었기 때문에 그에 대한 명확한 데이터가 없었다. 다만 추운 날씨에 고무링이 딱딱해져서 가스 분출을 막아내지 못할 수도 있으리라고 막연히 추측할 뿐이었다.

모턴 티오콜 사는 공학적으로 계산하고 판단한 끝에 발사를 권하지 않는다는 결론을 NASA에 제시했다. 그러나 NASA 측에서는 더 분명한 데이터를 원했고, 모턴 티오콜 사의 의견에 반발했다. NASA의 고체 추진 로켓 담당자였던 래리 뮬로이는 "다음 4월에 발사하라는 말인가요? 발사 전날이 새로운 발사 시기를 정하는 날입니까? 1차 고무링에 문제가 생기면 2차 고무링이 작동할 겁니다"라며 우겼다.

이미 이런저런 이유로 발사가 수차례 연기된 데다, 대통령이 챌린저호의 성공적인 발사가 의미하는 바를 연설할 예정이었기 때문에, NASA의 관리자는 로켓 발사를 연기하려면 더욱 분명한 데이터가 필요하다고 말했다.

모턴 티오콜 사의 고체 추진 로켓 프로젝트 팀장이었던 앨런 맥도널드는 자신의 회고록에서 그날의 회의에 대해 이렇게 언급했다.

"보통 우리가 안전하다고 주장하면 NASA에서 안전하지 않을 수도 있다고 반박했는데, 이때는 우리가 안전하지 않다고 주장하면 NASA에서 안전하지 않은 근거를 대라는 식이었어요. 우리 제품이 안전하지 않다는 것을 우리가 증명해야 하는 이상한 상황에 빠진 거죠."

결국 모턴티오콜 사는 NASA를 설득시키지 못했다. "그렇다면 STS-51-L의 발사를 추천한다. 고체 추진 로켓은 이전 것과 크게 다르지 않을 것이다"라는 의견을 내놓았다. 책임자였던 앨런 맥도널드는 이 문서에 서명하기를 거부했고, 그 대신 부사장인 조 킬민스터가 서명했다. 결국 발사에 동의한다는 모터 티오콜 사의 문서로 7명의 안타까운 생명이 공중에서 사라졌다.

물론 그 배경에는 여러 가지 정치적인 상황이 작용했을 것이다. 조사 위원으로 진상 규명에 참여했던 물리학자 리처드 파인만은 달 착륙이라는 지상 목표를 달성한 후 거대한 조직을 이끌어갈 명분이 점점 약해지고 있는 NASA가 기술력보다는 정치력을 더 중요하게 여긴다며 꼬집었다. 이런 집단에서는 관리자들의 정치적인 입장이나 이해관계가 현장의 목소리를 억누르게 되는데, 이것이 바로 '될 대로 되라'는 식의 조직 문화를 만들어내는 요인이 된다.

이 사건을 통해 결국 어떤 질문을 하느냐에 따라 결과가 크게 달라진다는 사실을 알 수 있다. 당시 NASA의 관계자들은 "안전하지 않다는 것을 증명할 수 있는가?"라고 질문했다. 그러나 이 질문은 막대한 예산과 수많은 생명이 달려 있는 우주선 발사와 같이 중요한 문제를 앞둔 상황에서는 적절하다고 할 수 없다.

앨런 맥도널드가 지적했던 것처럼 발사에 관계된 모든 사람들은 "안전하다는 것을 증명할 수 있는가?"라고 묻는다. 잘못된 질문에 대한 답을 찾은 결과, 우주왕복선 챌린지호는 돌이킬 수 없는 사고의 희생양이 될 수밖에 없었다.

법원에서는 "혐의가 없다는 것을 증명할 수 있는가?"가 아니라 "혐의를 증명할 수 있는가?"라고 묻는다. 혐의가 없다는 것을 증명하지 못하더라도 혐의가 있다고 입증되지 않으면 피의자는 무죄가 되는 것이다. 10명의 죄인을 풀어주더라도 1명의 억울한 사람을 만들어서는 안 된다는 것이 바로 헌법의 정신이기 때문이다(제27조 5항으로 규정하고 있는 무죄 추정의 원칙). 만약 법원에서 유죄 추정을 기본으로 삼는다면 억울한 옥살이를 사는 사람이 늘어날 것이다.

질문 A	질문 B
무엇을 할 것인가? 무엇을 가질 것인가? 무엇을 얻을 것인가? 어떻게 그 사람의 마음을 열 것인가? 어떻게 방어할 것인가?	무엇을 하지 않을 것인가? 무엇을 버릴 것인가? 무엇을 줄 것인가? 어떻게 내 마음을 열 것인가? 어떻게 공격할 것인가?

요컨대 절대적으로 옳은 질문이 있다기보다는 상황에 적합한 질문을 택하는 것이 중요하다. 어떤 질문을 선택하느냐는 인생의 전환점이 될지도 모른다. 새로운 목표를 세우고 무엇을 할 것인지 고민하는 것도 중요하지만, 무엇을 하지 않을 것인지 고민하는 일이 때로는 훨씬 중요하기도 하다. 상대를 비난하거나 부정적인 생각을 키우는 등 나쁜 행동을 멈추는 것이 오히려 무엇인가 새로이 시작하는 것보다 더 큰 변화를 가져올 수 있기 때문이다.

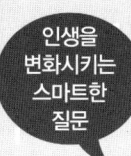
인생을 변화시키는 스마트한 질문

질문의 관점을 디자인하라

남다른 질문이 남다른 답을 가져온다. 그리고 그 답은 변화를 가져오며, 성공을 안겨준다. 그렇다면 남다른 질문은 어떻게 하는 것일까? 질문의 관점을 디자인하는 몇 가지 팁을 알려주려 한다.

1. 과거보다는 미래를 선택하라.
   - 왜 성공하지 못했을까? → 무엇을 개선하면 성공할까?
   - 지금까지는 어떻게 했나? → 앞으로 어떻게 바꾸고 싶은가?
   - 저번에는 왜 거절했을까? → 이번에는 왜 기회를 줬을까?

2. 부정보다는 긍정을 선택하라.
   - 확실하지 않은 것은 무엇인가? → 확실한 것은 무엇인가?
   - 할 말은 그것뿐인가? → 더 할 말이 있는가?
   - 실패하면 어떻게 할까? → 성공 확률을 높이는 방법은 무엇일까?
   - 일이 순조롭게 진행되지 않는 이유는 무엇일까? → 무엇을 개선하면 일이 순조롭게 진행될까?
   - 대체 언제까지 이럴까? → 성과를 높이기 위해 내가 지원해줄 부분이 무엇인가? 나도 도움이 되고 싶은데.

3. 최대한 다양한 답을 얻을 수 있도록 개방형 질문을 던져라.
   - 선생님 말씀 잘 들었어? → 학교 점심 메뉴는 어땠어?
   - 가족은 희생해야 하는 존재인가? → 결코 포기할 수 없는 가치는 무엇인가?

- 이 일은 나에게 적합한가? → 어떤 부분이 나와 어울리는가? 또는 어울리지 않는 부분은 무엇인가?
- 지금 당장 이 일을 해야 하는가? → 나를 미래로 이끄는 것과 나를 현재에 잡아두는 것은 무엇인가?

4. **막연하다면 범위를 정하라. 구체적 수치도 좋다.**
   - 앞으로 무엇을 해야 할까? → 지금 하는 일은 어떻게 마무리 지을까?
   - 나의 장점은 무엇일까? → 성취나 성과를 냈던 경험은 무엇이 있는가?
   - 나의 약점은 무엇일까? → 최근 6개월 내에 누군가와 크게 다툰 적이 있었나? 그 원인은 무엇이었나?
   - 긍정적 습관을 어떻게 형성할 것인가? → 2개월 안에 한 가지의 긍정적인 습관을 형성하려면 지금 무엇을 해야 하는가?

지금 당장 해야 할 일은 무엇인가?

아브라카다브라

이 세상에 변하지 않는 것은 없다. 서울처럼 거대한 도시도 매일같이 변화한다. 그러나 인간의 사고방식이나 생활 태도처럼 오랜 시간에 걸쳐 형성된 것은 쉽게 바뀌지 않는다. 그대로 내버려두면 시간이 지날수록 더욱 고착화되고 강화되기도 한다. 그래서 어떤 이들은 남의 말을 듣지 않는 고집불통이 되기도 하고, 결단력이라고는 찾아볼 수 없는 우유부단한 갈대가 되기도 한다.

    그러나 사람이 쉽게 변하지 않는다는 것이 진실이라고 해도, 나만은 변하겠다고 생각해야 한다. 더 나은 내일을 꿈꾼다면 더 나은 모습으로 변해야 하고, 충분히 그럴 수 있다고 믿어야 하는 것이다.

    자기계발 서적은 성공과 변화를 꿈꾸는 사람들을 위한 책이다. 그런데 독서를 좋아하고 책을 가리지 않는다는 사람도 자기계발 서적은 뻔한 소리만 늘어놓을 뿐 실제로는 도움이 되지 않는다고 생각하고는 한다.

왜 자기계발 서적은 뻔한 이야기를 반복할까? 그것이 진리이기 때문이다. 자기계발 서적이 도움이 되지 않았다면 뻔하다고 치부해왔던 내용 때문이 아니라, 한 번도 끈질기게 실천해보지 못한 나약한 의지, 두려움, 비겁함 때문일 수도 있다는 말이다.

"아브라카다브라." 유행가 제목으로 유명하기도 한 이 말은 고대 히브리어로 '말한 대로 이루어진다'는 뜻이다. 사람은 말한 대로 되며, 생각한 대로 살게 된다.

1999년, 무명의 어느 여배우는 '3년, 정상, 돈'이라는 목표를 쪽지에 썼다. 그로부터 정확히 3년 뒤에 영화 「밀애」로 제23회 청룡영화상 여우주연상을 수상했다. 그러자 이번에는 '할리우드 정상, 결혼, 행복'이라는 또 다른 목표를 가슴에 새긴다.

그러나 왕성한 활동을 기대했던 팬들의 기대와는 달리 그녀는 돌연 종적을 감춘다. 여배우에겐 치명적인 안면마비가 찾아온 것이다.

그녀는 병을 원망하는 대신 병을 공부하고 이해하려 노력했다. 찜질도 하고, 표정 운동도 했다. 노력을 기울인 덕분에, 다행히 일그러진 얼굴은 정상으로 돌아왔다. 그리고 2년 뒤, 미국 ABC 방송의 드라마 「로스트」에 출연하며 재기하는 데 성공한다. 2005년에는 미국에서 '올해의 엔터테이너상'을 수상하며 할리우드 정상이라는 목표를 이룬다. 영화배우 김윤진의 이야기다.

그녀는 안면마비를 극복한 뒤 "어떤 상황에서든 긍정적으로 생각할 수만 있다면 마음은 스스로를 변화시키고 병까지 고칠 수 있다는 것을 경험을 통해 깨달았다. 일그러진 내 얼굴을 원래 상태로 되돌려 준 것 역시 나의 믿음과 의지였다"고 말했다.

믿지 않으면 변하는 것은 없다. 아무것도 하지 않으면 아무 일도 일어나지 않는다. 동양인 최초로 노벨문학상을 받은 인도의 시인이자 사상가 타고르는 "물을 바라보는 것만으로는 강을 건널 수 없다"고 말했다. 마찬가지로, 배우 김윤진이 결코 만만치 않았던 목표를 이룰 수 있었던 것은 믿음과 실천하겠다는 의지가 있어서였다.

성공에 필요한 좋은 습관을 만들지 못하는 이유는 확신과 인내심이 부족하기 때문이다. 연구에 따르면 어떤 행동을 습관으로 만드는 데 짧으면 21일, 길면 60일 이상이 걸린다고 한다. 어떤 변화라도 60일 이상 지속되지 않으면 언제든 예전으로 돌아갈 수 있다는 말이다.

변화가 어려운 가장 큰 이유는 기존의 것을 버리고 새 것에 적응하는 데 많은 시간이 걸리기 때문이다. 적어도 60일 정도는 노력해야 변화할 수 있다. 그러나 속도를 중시하는 세상에서 사는 우리는 기다림에 익숙하지 않고, 인내심을 발휘하기가 어렵다.

그렇지만 내가 변하지 않으면 세상은 절대 변하지 않는다. 내가 다니는 모든 길에 부드러운 가죽을 까는 것보다, 가죽으로 된 신발을 신는 것이 상황을 개선하는 빠르고 올바른 방법이다. 마찬가지로 주변 사람들의 인식을 바꾸는 것보다 내 태도를 바꾸는 편이 합리적이고 상처를 덜 받는다.

그러니 삶을 변화시키겠다고 다짐했다면 나부터 변해야 한다는 사실을 명심하자. "아브라카다브라!"라고 주문을 외워보자. 세상을 보는 나의 관점을 바꿀 때 변화는 시작된다.

아날로그 방식으로 질문하라

컴퓨터가 대중화되면서, 많은 사람들이 종이가 사라질 것이라고 예상했다. 그러나 종이는 여전히 많이 쓰이고, 전자책보다는 종이책이 우세하다. 그리고 어떤 사람들은 아무리 과학기술이 발달한다고 해도 모니터가 종이를 대신할 수는 없다고 믿는다.

현재 성공했다는 사람들의 공통적인 성공 비결 중 하나가 노트에 메모하는 것이다. 디지털 시대에 오히려 아날로그 방식이 힘을 발휘한다는 의미이기도 하다.

스마트폰이 보급되면서 일정 관리나 노트 기능을 갖춘 유용한 앱이 하루가 멀다 하고 쏟아져나온다. 언제, 무엇을 해야 할지 알려주고, 여기저기 흩어진 정보를 한곳으로 모아서 보여주기도 한다. 이런 앱은 깜빡 잊고 놓치기 쉬운 일정도 챙겨주고, 복잡한 삶을 정리하기에도 좋다.

그러나 뇌과학을 연구하는 학자들은 손을 많이 쓸수록 두뇌 발달에 좋다고 말한다. 특히 펜으로 글씨를 쓰는 것은 기억에 오래 남는다고 한다. 뿐만 아니라 필기하면서 생각을 정리하거나 새로운 아이디어를 떠올릴 수도 있다. 필기는 컴퓨터 자판이나 스마트폰 패드를 두드리는 것과는 질적으로 다른 경험이다.

독서 고수들도 독서 노트를 작성하라고 충고한다. 책의 핵심 내용이나 가슴에 담아두고 싶은 문장을 손으로 직접 쓰면 더 오랫동안 기억에 남고, 실제로 행동에 옮길 확률도 높아지기 때문이다.

앞에서 이야기했듯이, 뇌는 게으르다. 스마트폰의 다양한 기능들이 편리함을 빌미로 뇌를 더욱 게으르고 단순하게 만드는 것을 경계해야 한다. 그러므로 디지털 기기는 적절히 활용해야 한다. 손에 들고 있는 태블릿 하나로 모든 일을 해결하려 드는 태도는 좋지 않다. 여전히 많은 CEO들이 수첩을 애용하고, 자녀들에게 연필과 공책을 사주는 데는 그럴 만한 이유가 있는 것이다.

디지털 시대에 필요한 것은 오히려 아날로그다. 손으로 쓰고, 선을 긋고, 그림도 그리고, 도표를 만들면서 생각을 정리해야 진짜 내 생각이 된다. 그러므로 질문을 할 때에도 펜과 노트를 준비해야 한다. 펜과 노트는 생각을 정리하는 최고의 도구다. 질문하고 답변하며 떠오르는 생각을 꾹꾹 눌러써보자.

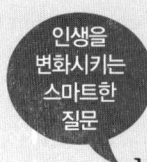
인생을
변화시키는
스마트한
질문

나에게 성공은 무엇인가?

자신이 생각하는 성공을 자신만의 언어로 규정하고 이를 공표한다면 그 꿈을 이룰 확률은 훨씬 높아진다. 그러기 위해서는 도대체 자신이 무엇을 원하는지 알아야 한다. 우리에게 성공이란 무엇인가? 아래 문항들 중 무엇이 자신의 생각과 일치하는지 살펴보고, 처방전을 따라보자.

1. 성과를 내야 하는 상황에, 나는 주변 사람들을 독려하는가?
2. 조직을 이끄는 리더의 자리에 도전할 만하다고 여기는가?
3. 비전을 제시하고 구성원의 동기를 자극하여 조직의 목표를 성취하는 일이 어울린다고 생각하는가?
4. 목표 달성을 위한 방향을 제시하거나 업무의 우선순위를 정하는 일은 어렵지만 대단히 매력적으로 느껴지는가?
5. 내 직함이 대기업이나 공공기관의 수장이라면 흐뭇할 것 같은가?

6. 한 지역에서 안정된 생활을 하는 것이 여러모로 이득이라고 느끼는가?
7. 승진은 권한과 책임의 상승만큼 소득의 증가라는 의미가 큰가?
8. 안정된 소득은 무엇보다 중요한가?
9. 역동적이며 새로운 환경보다는 안정되고 익숙한 환경이 좋은가?
10. 변화하는 상황에 대처하는 것보다 정해진 일정에 따라 예측 가능한 일이 더 매력적인가?

11. 가능하면 새로운 방법을 시도하거나 창의적으로 업무를 수행하고 싶은가?

12. 스스로 업무 목표를 정하고 나만의 방식과 나만의 속도로 일을 하는 편인가?
13. 기존의 관습을 버리고 새로운 방식을 모색하는 편인가?
14. 업무를 수행할 때는 내가 자유롭게 행사할 수 있는 권한이 얼마나 되는지가 중요한가?
15. 법규나 규정을 고려하지 않아도 된다면 대단한 성과를 낼 수 있을 것 같은가?
16. 안정적이며 예측 가능한 일보다 도전적이고 흥미로운 일이 좋은가?
17. 관심 있는 일에는 시간과 금전을 아끼지 않는가?
18. 반드시 특별히 뛰어난 분야가 있어야 한다고 생각하는가?
19. 직장에서 부여받은 일이 흥미로워서 개인적으로 시간을 투자하는가?
20. 차별화를 위해 나만의 분야를 개척하고 있는가?
21. 직장 동료뿐 아니라 나 자신이나 가족을 위해서도 많은 시간과 노력을 투자하는가?
22. 경력에 도움이 되었지만 일정 부분은 가족의 희생이 따라서 기회를 포기한 적이 있는가?
23. 일 때문에 가족 모임이나 가족 여행과 같은 개인적인 영역이 침범당하는 것을 참을 수 없는가?
24. 조직에서는 어떤 경우라도 구성원 개개인의 다양한 가치관과 관점을 존중해야 한다고 생각하는가?
25. 자신의 비전과 전망을 가족들과 공유하고 공동의 미래를 설계하는 편인가?

앞의 문장은 각각 특정한 성향을 나타낸다. 자신과 맞는 문장이 어떤 성향을 보이는지 다음의 처방전을 읽어보자. 그것이 바로 당신이 생각하는 성공과 가까운 모습일 것이다.

정답은 없다. 사실 누구나 어느 하나만 지향하지도 않는다. 권력이든 안정이든, 또는 두 가지 모두를 지향하든, 자신의 가치관과 철학에 따라 성공을 규정하면 된다. 그리고 자신만의 언어로 정의 내린 성공에 따라 인생을 살아가는 것이다.

처방전

1~5번 문항	높은 자리에서 조직을 이끌고 싶은가? 당신은 권력지향형이다. 당신의 인생에서 성공이란 아마도 조직을 이끄는 리더가 되는 것이 아닐까? 당신의 성공 스토리를 들으려고 몰려드는 사람들을 보면 뿌듯하게 느낄 것이다.
6~10번 문항	안정된 생활을 누리고 싶은가? 당신은 안정지향형이다. 당신의 인생에서 성공이란 소득을 포함한 모든 환경이 안정적인 상태가 아닐까? 일, 가정생활, 인간관계 모두 변화보다는 익숙한 편을 좋아할 것이다.
11~15번 문항	자율적이고 창의적인 활동을 원하는가? 당신은 자율지향형이다. 당신의 인생에서 성공이란 아마도 자신의 생각대로 일을 꾸미고 실행하는 것이 아닐까? 직장에서뿐만 아니라 가정생활에서도 마찬가지일 것이다.
16~20번 문항	Only One이 되고 싶은가? 당신은 능력지향형이다. 당신의 인생에서 성공이란 아마도 남들과는 차별화되는 자신만의 영역을 구축하는 것이 아닐까? 경쟁력을 높이기보다는 남다른 분야를 찾는 데 많은 노력을 기울일 것이다.
21~25번 문항	소중한 일상을 놓치고 싶지 않다고 생각하는가? 당신은 균형지향형이다. 당신의 인생에서 성공이란 아마도 일과 삶의 적절한 균형을 유지하는 것이 아닐까? 일에 몰입했다가도 일상으로 돌아올 때는 일에 대해서는 쿨하게 잊고 자신과 가정을 돌보는 삶을 원할 것이다.

3장

나를 되찾는 질문, 원

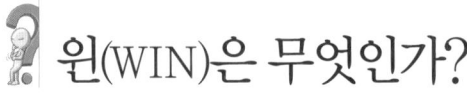 윈(WIN)은 무엇인가?

진정한 성공

챔피언 벨트나 올림픽 금메달이 없어도 칭송받는 운동선수들이 있다. 예를 들어, 평발에 짝발인 이봉주 선수는 마라톤 풀코스를 41회나 완주했으며 한국 신기록까지 보유한 노력파다. 정작 올림픽에서는 금메달을 따지 못했지만, 마라톤을 향한 식을 줄 모르는 열정 때문에 사람들은 그를 위대한 마라토너라고 부른다.

이와 마찬가지로 국민들이 2014 소치 동계올림픽에서 컬링 국가대표팀을 응원했던 것은 메달을 딸 가능성이 있어서가 아니라, 열악한 여건에도 불구하고 컬링이라는 불모지에 발을 들인 그들의 도전정신 때문이었다.

이들처럼 자신이 원하는 일이 무엇인지 분명하게 알고 그것을 성취해가는 사람은 성공했다고 말할 수 있다. 반면에, 어떻게 살아야 하는지 알면서도 그렇게 살지 못하고, 원하는 것을 알면서도 이루지 못하는 것은 실패한 삶이다. 이런 사람은 선택의 순간에 비겁한 결정을 내리고, 결정한 후에는 언제나 후회한다.

성공은 상대를 제압하고 목에 거는 메달이 아니다. 그것은 확고한 목적을 세우고 이를 이루기 위해 노력하며, 안팎의 온갖 유혹을 이겨내면서 매순간 작은 목표를 꾸준히 성취해가는 것이다. 그러므로 인생이라는 여정이 끝나야지만 비로소 승자인지, 패자인지 알 수 있다.

부자가 되는 것 vs 부자로 사는 것

인생의 목적이 무엇인지 규정하는 일은 쉽지 않지만, 성공이란 개념을 기반으로 생각하면 의외로 이해하기 쉽다. 예를 들어 부자가 되는 것, 건강한 몸을 유지하는 것, 암벽등반이나 스킨스쿠버 등 다양한 취미나 특기를 가지는 것, 폭넓은 인간관계를 유지하는 것, 권력을 쟁취하는 것, 자신의 분야에서 전문가가 되는 것, 흔들리지 않는 평정심을 유지하는 것, 깊은 신앙심을 가지는 것, 잠재력을 최대한 끌어내는 것, 책을 1만 권 읽는 것 등 특정한 목표를 세우고 얼마나 이루느냐가 성공의 기준이 되기도 한다.

구체적인 것부터 추상적인 것, 일회성인 일부터 지속적인 관리가 필요한 일까지 성공에 대한 생각은 저마다 다르다. 경력에서의 성공만 놓고 봐도 사람들의 생각은 다르다. 전문가들에 따르면 사람들은 자신의 직업 활동을 대할 때 승진, 안정성, 자율성, 전문성, 일과 삶의 균형 중에서 하나를 선호하는 경향이 있다고 한다. 즉, 승진을 성공이라고 규정하는 사람은 안정, 자율, 균형과 같은 가치는 상대적으로 간과하고, 반대로 균형 잡힌 삶을 성공이라고 규정하는 사람은 오히려 승진을 하거나 전문성을 갖추는 데 관심이 덜하다는 말이다.

이처럼 성공에 대한 개인의 정의는 인생의 목적과도 일맥상통한다. 건강하게 사는 것을 성공으로 생각하는 사람은 건강하게 살기 위해 모든 노력을 기울일 것이다. 그러면 건강하게 사는 것이 곧 삶의 목적인 셈이다.

그런데 목적을 세워놓고도 어디까지나 생각에 지나지 않는 경우가 많다. 우리 주변에는 균형 잡힌 삶을 성공이라고 생각하면서도 하루에 16시간 이상을 직장에서 보내는 사람이 얼마나 많은가? 건강을 최우선으로 생각하면서도 기름진 메뉴를 택하고 운동을 거르는 사람은 또 얼마나 많은가?

이러한 실수를 거듭하지 않기 위해서는 성공에 대한 자신만의 정의를 명확하게 세우고, 날마다 이를 떠올리며 자신을 다독여야 한다. 실천도 중요하지만 먼저 하루하루 자신의 삶을 돌아보며 목적, 의미, 성공 등을 고민하고 분명하게 목표를 세워야 한다.

예를 들어 '부자가 되는 것'을 성공이라고 생각하는 사람은 한때 막대한 자산을 축적하더라도 노년에는 궁핍하게 보낼 수 있다. 어느 순간 늘어나는 부를 보며 자신은 성공했다고 자만에 빠져 인생을 돌보지 않았기 때문이다. 그러나 성공을 '부자로 사는 것'이라고 정의한 사람은 부를 얻은 뒤에도 이를 꾸준히 관리해서 더 많은 부를 쌓거나 유지하며 살게 된다. 두 사람이 비슷한 목표를 세운 것처럼 보여도, 성공을 유지하는 능력에 차이가 생겨서 전혀 다른 결과가 나온 것이다. 이는 곧 성공에 대한 정의에서 기인한다.

단순히 말장난으로 치부할 일이 아니다. 말하는 대로 생각하고, 생각한 대로 이루어지기 때문이다. 자신의 성공을 분명하게 정의하고 신념화하는 것이 성공으로 가는 첫걸음이라는 사실을 명심하자.

그리고 목표를 세울 때는 주위의 의견을 참고하되 스스로 결정해야 한다. 오로지 당신의 마음과 머리에서 나온 답일 때만 스스로 실행할 열정이 생긴다.

왜? 만약에, 왜 안 돼?

2007년에 필자는 대학원에 진학했다. 군에서 근무한 지 3년이 지나자, 새로운 경험을 하고 싶다는 욕구가 생겼던 것이다. 당시만 해도 인재 개발 프로그램의 일환으로 민간 대학에 위탁 교육을 가는 경우가 많았는데, 운 좋게도 필자가 선발되었다.

그해 1월부터 과학자의 전문성 발달 과정을 연구하는 프로젝트가 시작되었는데, 필자도 연구원으로 참여하게 되었다. 박사 과정 선배와 함께 자료 조사와 분석을 담당했고, 선임연구원이 전반적인 연구를 진행했다. 2달 정도 분석과 논의를 거쳐 세계적으로 주목받고 있는 한국의 과학자 31명을 선정했다. 냄새 분야의 권위자 김기현 교수, 마이크로RNA의 선구자 김빛내리 교수, 남극 전문가 김예동 소장, 제올라이트 권위자 유룡 교수, 천-사이먼-힉스의 방정식의 비위상 일반해를 증명해낸 채동호 교수 등 면면을 들여다보면 입이 떡 벌어지는 인물들뿐이었다.

기억에 남는 사람이 참 많은데, 먼저 떠오르는 사람은 KAIST의 유룡 교수다. 연구실 문을 열었을 때 제일 먼저 눈에 띈 것은 회의용 테이블 위에 금방이라도 무너져 내릴 듯 쌓여 있는 논문과 보고서였다. 마구잡이로 쌓여 있어서 폐지 더미처럼 보였다. 그러나 그는 그 속에서 원하는 자료를 금방이라도 찾을 수 있다고 했다. 그의 연구실은 얽매이기 싫어하는 자유로운 성격 탓에 상당히 어지러웠지만, 오히려 그 덕에 연구에서 좋은 성과를 거둔다고 말했다.

그는 법관이 되어 집안을 일으키라는 아버지의 말씀을 거역하고 화학공학도가 되었다고 했다. 고3 때까지 문과였던 그가 노벨상 후보자로까지 거론되는 이유는 독창적인 연구 영역을 개척했기 때문이다. 그는 세계 최초로 직경 2~50nm의 구멍이 난 나노 다공성 물질(메조다공성 실리카)을 거푸집으로 이용해 규칙적으로 배열된 탄소를 합성하는 데 성공했다.

고등학교 시절, 그는 참고서 뒷면에 붙은 본고사 문제를 풀어보고 학교 공부만으로는 대학에 갈 수 없다고 판단하고는 혼자서 대학입시를 준비했다고 한다. 매일 목표량을 정하고 반드시 그만큼 공부해야 잠자리에 들었다. 문과였던 그가 이과로 넘어가 대학입시를 치를 수 있었던 것은 이런 노력이 있었기 때문이다.

하고 싶은 일을 위해 아버지를 설득하고 과감하게 이과로 전향한 그의 선택과 용기는 당시 28세였던 필자를 한없이 부끄럽게 만들었다. 필자는 단 한 번도 그렇게 용기를 내어 과감한 목표를 세우고 도전한 적이 없었기 때문이다.

그 후 미국 스탠퍼드대에서 박사학위를 취득한 뒤 어렵사리 KAIST에 자리를 잡았지만, 1년에 200만 원밖에 안 되는 연구비로 연구다운 연구를 하는 것은 불가능에 가까웠다. 그러나 그는 포기하지 않았다. 대덕연구단지를 기웃거리며 유리관, 시약 등을 얻어 썼고, 새벽까지 연구실을 지켰다. 어떤 날은 새벽 4시에 퇴근해서 아침 9시에 강의를 하기도 했단다. 그는 오직 연구에 대한 열정만으로 버텼던 이 시기가 인생에 큰 거름이 되었다고 믿는다.

지금은 국제학회의 기조강연을 부탁받을 만큼 권위 있는 학자로 인정받지만, 그는 이렇게 성취감을 맛보았을 때 가장 긴장하고 경계해야 한다고 말한다.

게다가 힘이 닿을 때까지 연구실을 지키며 후학들에게 모범을 보이고 싶다는 것이 그의 희망이었다. 좋아하는 일이 사명이자 업이 되어버렸지만, 여전히 그에게서는 끝없는 호기심과 지치지 않는 에너지가 느껴졌다.

그 이후에도 과학자들과 인터뷰하면서 자신이 점점 작게만 느껴졌다. 하나같이 자신이 좋아하는 일에 모든 열정을 쏟고 있었기 때문이었다. 끝없이 호기심을 느꼈고, 궁금증을 해결하는 일이 세상에서 가장 재미있는 일이었으며, 그 결과 조국을 넘어 인류에 큰 기여를 하고 있었다. 늘 자신이 하고 있는 일의 목적을 분명하게 알고 있었으며, 구체적인 목표를 설정해놓고 있었다. 그것을 성취하는 과정이 힘들어도 꿋꿋이 이겨냈다. 남이 가지 않는 길이라서 외롭다고 느낄지언정 길을 바꾸거나 멈춰 서지 않았다. 이들이야말로 진정한 승리자였다.

1년 동안, 과학자를 만나고 그들과의 인터뷰를 분석하고 그들의 이야기를 썼다. 그러면서 그들의 진지함과 열정을 느꼈다. 프로젝트가 끝난 뒤, 한동안 방황했다. 꿈도, 비전도, 목표도 없이 한없이 흔들리기만 하는 나 자신이 패배자처럼 느껴졌기 때문이다. 치열한 그들의 삶에 비해 너무나 나태했던 지난 삶이 부끄러웠고, 흔들림 없는 그들의 꿈 앞에서 준비 없는 내일이 두려워졌다.

과학자 31명을 만난 뒤 필자의 생각과 가치관은 완전히 달라졌다. 머릿속에서 지각변동이 일어난 것 같았다. 죽다 살아난 사람이 새로운 삶을 사는 것처럼, 위대한 과학자들이 살고 있는 전혀 다른 세상을 들여다본 뒤, 변해야 한다고 마음먹었다.

과학자들을 만나며 스스로에게 던진 수많은 질문들, 책을 통해 접한 아름다운 질문들이 나를 바꿔놓았다. 고민과 방황을 거듭한 끝에, 이들의 삶을 관통하는 중요한 세 가지 질문을 발견할 수 있었다. 진정한 승리자들은 인생은 물론이고 하고 있는 일의 목적을 언제나 분명히 알려고 노력했으며(Why), 새로운 방법과 다양한 연결을 모색했고(If), 그것을 과감하게 시도하고 힘들어도 결코 포기하지 않았다(Why Not).

그 질문을 정리하면 다음과 같다.

Why	나는 왜 이 연구를 하는가? 나는 왜 과학자가 되었나?
If	만약 X가 새로운 결과의 원인이라면? 만약 Y가 성공한다면?
Why Not	도대체 도전하지 못할 이유가 뭔가? 일단 해보자. 무엇이 두려운가?

윈이라는 주문

윈(win)은 경쟁이나 경기에서 승리하거나 원하는 것을 쟁취한다는 의미다. 그러나 승자독식(勝者獨食)이나 약육강식(弱肉强食)과 같은 선전 문구가 유행하면서, 성취나 목표와 같은 긍정적인 이미지보다 무정함이나 냉정함처럼 부정적인 이미지가 강해졌다.

그런데 여기에서 말하는 윈은 경쟁에서의 승리를 뜻하지 않는다. 윈은 "왜(Why)?", "만약에(If)", "왜 안 돼(Why Not)?"의 3가지 질문의 머리글자를 딴 용어다. 이는 삶의 진정한 목적을 찾고 이에 맞는 목표를 설정하여 실천하자는 의식 변화의 키워드이기도 하다. 이 질문을 던지면 내면에 웅크리고 있는 핵심에 접근하여 삶의 본질을 발견할 수 있다. 또 다양한 가능성을 탐색하여 적절한 해법을 찾고 시도해볼 수도 있다.

자신이 어떤 사람인지 알고 싶다면 이 책에서는 만족스러운 답을 찾지 못할 것이다. 성격이나 약점을 검사하고 알려주는 도구는 이미 서점에 많이 나와 있다. 필자는 이 책을 통해 아무런 질문도 없이 인생 경로를 결정하고, 자신의 의지가 아닌 부모, 교사, 체계에 의해 삶이 좌우되는 사람들이 인생 리모델링을 하도록 도와주려 한다. 삶의 목적, 이를 위한 목표 설정, 용기 있는 도전을 부추기는 것이다.

그러려면 우선 자신이 진정 무엇을 원하는지 찾아야 한다. 인생은 길어야 100년이니, 원하는 일만 하기에도 시간이 부족하다.

그다음에는 이를 실현하기 위한 여러 가지 가능성을 다양한 관점에서 탐색해야 한다. 이때 중요한 점은 현실성은 고려하지 않아야 한다는 것이다. 전혀 엉뚱한 생각이 문제 해결의 실마리가 될 수도 있으므로 무한대로 상상하는 것이 핵심이다. 기발한 아이디어는 엉뚱한 생각이 서로 만나서 만들어진다.

그리고 마지막으로 몇 가지 방안을 선택해서 시도해본다. 이때 실패에 대한 두려움을 극복하는 것이 가장 중요하다. 때로는 준비한 방안이 문제를 해결하지 못할 수도 있다. 그러나 진지하게 이 과정을 반복하다 보면 결국 싹을 틔우고 결실을 보게 될 것이다. 마음이 약해질 때는 수많은 실패에도 불구하고 "실패한 것이 아니라 되지 않는 방법을 알게 되었을 뿐이다. 실패는 작은 성공이다"라고 했던 토머스 에디슨의 말을 떠올리자.

왜?

뇌는 체중의 2% 정도를 차지할 뿐이지만 들이마시는 산소의 20%나 사용한다고 한다. 그래서 뇌에 산소 공급이 15초만 중단되어도 사람은 의식을 잃고, 이 상태가 4분 이상 지속되면 뇌세포는 완전히 손상된다.

다치거나 물에 빠진 사람이 숨을 쉬지 않고 심장이 멈췄다면, 4분 안에 심장이 뛰게 해야 뇌에 손상을 입지 않는다. 그러나 심장 마사지를 해본 사람들은 심장을 정확히 압박하는 일이 쉽지 않다는 사실을 잘 알 것이다. 필자도 응급처치 교육을 받으며 심장 마사지 실습을 했는데, 가슴 부위를 열심히 눌렀다고 확신했지만 환자 역을 맡은 마네킹의 심장에는 전혀 압박이 전해지지 않은 적도 있었다. 실제 상황이었다면 소중한 생명을 잃었을 것이다.

그러니 어떤 경우에도 심장은 뛰어야 한다. 생명 유지의 기본이 되기 때문이다. "왜?"라는 질문을 던지는 일은 심장을 뛰게 하는 것과 같다. 이는 일의 이유를 따지고 목적을 묻는 것이기 때문이다. "왜?"라는 질문은 스스로 동기를 부여하게 하며 적극적으로 해결 방법을 찾게 한다. 어떤 일을 할 때 왜 해야 하는지 납득하지 못한다면 의욕이 생기지 않을 뿐 아니라 수동적으로 반응하는 것도 이 때문이다.

성과 창출 전문가인 류랑도 박사는 요즘 사람들은 무엇을 할 것인지, 언제 할 것인지만 묻는다고 지적했다. 무한경쟁 속에서 빠듯한 시간과 한정된 자원은 주어진 일이나 빨리 처리하라고 우리를 압박한다. 그러나 이런 질문만 고민하는 사람들은 정작 성공하지 못한다.

일의 해결 방법을 찾기 전에 자신이 왜 그 일을 해야 하는지 이유와 목적을 분명히 아는 사람이 성과도 높고 일에 대한 만족도도 큰 것으로 나타났다. 왜 해야 하는지 분명히 아는 사람만이 일을 주도적으로 이끌어갈 수 있고, 상황이 변하더라도 유연하게 대처할 수 있기 때문이다. 그러므로 심장을 뛰게 한다는 생각으로 "왜?"라는 질문을 먼저 던져야 한다.

미래학자 다니엘 핑크는 "미래는 하이테크가 아니라 하이 콘셉트가 필요한 사회가 될 것이다"라고 했다. 그의 설명에 따르면, 집에 불이 나간 전구가 있을 때 어떤 종류의 전구를 살 것인가에 집중하는 것은 하이테크라고 할 수 있다. 그러나 왜 전구가 나갔는지, 혹시 배선에 문제가 있는 건 아닌지, 채광이 좋지 못해 조명을 장시간 사용한 것은 아닌지를 고민하는 것은 하이 콘셉트의 영역이다. 그가 말하는 하이 콘셉트는 "왜?"라는 질문이 지향하는 방향과도 같다. 바로 문제의 본질과 핵심을 꿰뚫는 것이다.

하이 콘셉트의 영역에서 고민하면 전구를 구입하는 것 이외에도, 자연광이 더 많이 들어오도록 밝은 유리창을 달고 창문을 막고 있는 가구의 배치를 다시 하는 등 새로운 방법을 찾을 수 있다. 이런 해법은 "왜?"라는 질문이 아니고서는 결코 찾을 수 없다.

한 번은 전역한 선배를 만나 인생에 대해 진지하게 이야기를 나눈 적이 있었다. 선배는 중령 진급에 연거푸 떨어진 후 전역을 선택했다. 정년까지는 기간이 많이 남아 있었는데도 다른 길을 선택한 것이다. 선배는 진급에 목매던 시절을 떠올리며, 그때는 어떻게 하면 진급할지만 생각했다고 털어놓았다. 그러나 지금은 하고 싶은 일을 찾았고 그 일을 하고 있어서 즐겁다고 했다. 필자가 왜 진급해야 하는지 물었더라면 좋았을 거라고 했더니, 선배는 이렇게 답했다.

"솔직히 진급하려는 이유는 명예도, 헌신도, 보상도 아닌 생계 때문이지 않았을까? 그런데 이런 속마음은 누구에게도 솔직히 말할 수 없었어. 그렇지만 지금 하는 일은 생계 때문이 아니라, 내가 하고 싶어서 하는 거야. 바쁘지만 재미있어. 오히려 그때 진급했더라면 더 불행해졌을지도 몰라."

자신이 무엇을 바라는지 정확히 아는 것이 중요하다. 마크 트웨인의 말처럼 모르기 때문이 아니라 오히려 잘 안다고 확신하기 때문에 곤경에 빠지는 것이다. 이유도 모른 채 무엇인가에 무작정 목을 매면 실패한 삶의 주인공이 되기 십상이다. 그래서 진급이나 승진이 당장 성취해야 할 목표인 것처럼 보이고, 이를 이루면 성공과 행복이 보장된다고 착각하는 사람이 많은데, 꼭 그렇지는 않다.

행복은 성공을 추구하는 과정에서 얻어지는 부산물이기 때문에 자신의 인생에서 성공이 무엇이고 어떤 의미인지를 먼저 알아야 한다. 사람마다 그 정의는 다르겠지만, 단순히 경쟁에서 이기는 것이 성공은 아니라고 말하고 싶다. 그보다는 자신이 정말 하고 싶은 일을 하면서

가슴을 뛰게 만드는 목표를 성취하는 것이 성공이라고 생각한다.

살아가면서 수많은 인생 목표를 설정하고 이를 이루려 노력한다. 그러나 그 목표가 자신이 살고자 하는 삶에 어떻게 기여하는지 생각하지 않는 경우가 많다. 게다가 시간이 지나 성취한 목표를 바라보았을 때, 왜 그 일을 했는지 도무지 이해할 수 없는 경우도 있다.

필자의 2008년 다이어리를 보면 'TEPS 800점 달성', '포토샵 마스터', '일본어 다시 시작'과 같은 새해 목표들이 빼곡히 적혀 있다. 이 목표들을 이루고자 많은 노력을 기울였고, 어느 정도 성과도 거두었다. 그러나 지금 생각해보면 왜 그것들을 하려고 했는지 정확한 이유는 고민한 적이 없었다. 그 일들에 쏟아 부었던 에너지와 시간을 지금의 인생 목표에 부합되는 독서나 글쓰기, 사람들과의 만남 등에 투자했다면 좋았으리라는 아쉬움도 든다.

살면서 해온 일들 중에 핵심은 건드리지도 못하면서 주변만 맴돌다가 끝난 것들이 얼마나 많았는지 떠올려보자. "왜?"는 인생의 목적과 이유를 분명히 해준다. 인생의 목적이 분명해지면 삶의 순간마다 성취할 목표들이 하나의 목적을 향하기 때문에 삶은 더욱 윤택해지고 단단해진다.

　물론 경험을 통해, 또는 영감을 받아 삶의 목적이 변할 수도 있다. 중요한 것은 언제나 삶의 목적이 무엇인지 생각해야 하고, 누군가 정해준 것이 아니라 온전히 자신이 원하는 일이어야 한다는 사실이다.

　한 방울의 물이 바위를 뚫는다는 말처럼 꾸준히 노력하면 못 이룰 것이 없다. "왜?"라는 질문을 한 번 던진다고 해서 바로 핵심을 찾기는 어렵겠지만, 끊임없이 던지다 보면 핵심에 가까워질 수 있다. 그러다 보면 왜 살아야 하는지, 무엇을 위해 살아야 하는지 답을 찾을 수 있을 것이다.

만약에

인생의 진정한 목적을 찾았다면 이를 달성하기 위해 구체적인 목표를 설정해야 한다. 목표는 목적을 이루기 위해 설정한 작은 과제들을 가리킨다. 삶이 다양해지고 복잡해지면서 할 수 있는 일이 많아진 반면, 하지 않아도 될 일이 유혹하는 경우도 많다. 이런 상황에서 인생의 목적에 부합하는 목표를 설정하기란 쉽지 않은 일이다.

　이때 필요한 것이 창조적인 사고다. 특히 "만약에"라는 질문은 풍부한 상상을 통해 창조적으로 사고하게 한다.

　만약이라는 말은 가정하는 상황이라는 뜻이다. 그러므로 그 뒤에 따라붙는 이야기는 어디까지나 상상이다. 경험에 비추어 미래를 예상하거나 과학의 힘을 빌려 예측할 수는 있겠지만, 그조차도 앞날을 그

대로 보여주거나 밝혀지지 않은 과거의 일을 입증하지는 못한다. 그 또한 과학적 상상일 뿐이지 사실이나 현실은 아니기 때문이다. 이런 예측은 새로운 지식과 기술에 따라 언제든지 바뀔 수도 있다.

"만약에"는 새로운 이야기를 시작하는 키워드다. 이 키워드로 과학자가 아니더라도 얼마든지 실험을 할 수 있다. 아무 상황이나 가정하고 상상의 나래를 펼쳐보는 것이다. 새로운 아이디어가 사슬처럼 연결되어 또 다른 아이디어를 이끌어낼 것이다.

대부분의 기술자, 운동선수, 의사, 상담사, 교사 등 수많은 직업인들이 고만고만한 수준에서 나아가 발전하지 못하는 이유는 자신의 일에 적응하고 나면 바로 안주하기 때문이다. 1%에 속하는 위대한 사람들은 일에 적응해서 익숙해진 뒤에도 자신의 지식과 기술을 더 발전시키기 위해 새로운 방법이나 수단 등을 시도한다. 그래서 이들은 늘 새롭고 신선한 또 다른 목표를 세우고 끝없이 정진한다. 변화를 멈추면 도태되고 죽음에 가까워진다는 사실을 알기 때문이다.

"만약에"라는 질문이 없었다면 시커먼 구정물에 불과했던 석유가 귀중한 에너지원이 되지는 못했을 것이다. 처음에는 석유에서 불을 밝히는 등유만 추출해서 사용했다. 그런데 "만약에 등유를 뽑아내고 남은 발화성이 높은 증기를 증기기관에 사용하면 어떻게 될까?"라는 누군가의 질문이 석유를 가장 값비싼 상품 중 하나로 바꿔놓았다. 물론 환경오염 등의 부작용도 있지만, 석유에서 추출된 휘발유, 경유 등이 인류의 문명 발달에 엄청나게 기여했다는 것은 부정할 수 없는 사실이다.

"만약에"라는 질문이 없었다면 MP3 플레이어, 카메라, PMP, 휴대전화의 기능을 손바닥만 한 작은 기계 하나로 모두 이용할 수는 없었을 것이다.

또한 칼을 중심으로 한 각종 주방기구와 사물놀이 장단이 결합된 「난타」 공연이 한국을 넘어 외국인에게 각광받는 일도 없었을 것이다. 처음에는 말도 안 되는 엉뚱한 상상에 불과했지만, 수많은 시도와 실패를 거듭하며 결국은 멋지게 실현되었다.

"만약에"라는 질문은 에너지, 대중문화, 첨단기술과 같이 눈에 보이는 것뿐만 아니라 미래의 비전이나 모습에도 적용할 수 있다. 그러니 단순한 가정을 넘어서 더 혁신적이고 거대하게 상상하는 키워드로 활용해야 한다.

미국의 실리콘 밸리에서 살아 있는 전설로 통하는 세쿼이아 벤처 캐피털의 마이클 모리츠 회장은 20대의 창업주를 특히 좋아한다. 구글, 야후, 유튜브, 재포스 등 세계적인 기업들의 초기 사업 자금은 모두 그가 투자한 것이다. 그는 래리 페이지나 세르게이 브린(구글), 토니 셰(재포스), 스티브 첸(유튜브), 제리 양과 데이비드 필로(야후)가 자신에게 투자받을 당시에 모두 20대였다는 것을 강조한다. 웬만한 일은 돈을 주고 다른 사람을 고용해서 해결할 수 있지만, 어느 누구도 대신할 수 없는 무엇인가가 20대에게 있다고 그는 주장한다. 그것이 번뜩이는 아이디어와 본능, 넘치는 상상력과 에너지다.

우리는 아직 젊고 힘이 있다. 앞으로 어떤 사람이 될지 상상해보는 것만으로도 심장이 뛰지 않는가?

선택과 결정 앞에서는 누구나 고민을 거듭한다. 최상의 결과를 기대하지, 실수나 실패를 원하는 사람은 없기 때문이다. 그런데 주어진 옵션 중에서 어떤 선택지도 마음에 들지 않는다면 어떻게 해야 할까? 선거의 경우를 예로 들어 생각해보자. 마음에 들지 않는 후보만 나왔더라도 반드시 투표는 해야 한다. 그 경우, 최선이 없다면 최악을 피하고 차악을 선택한다.

그러나 투표가 아니라 자신의 인생에 관한 문제라면 이야기가 달라진다. 선택지가 마음에 들지 않는다면 여러 가지 옵션을 탐색해야 한다. 이럴 때 "만약에"라는 질문의 힘을 빌리면 큰 도움이 된다. 새로운 선택지를 만들고 질문을 던지는 것만으로도 선택의 폭은 무한대로 넓어진다. 그리고 서로 비교하고 대조해서 최상의 선택지를 뽑아내고 이를 실현하기 위해 시도해야 한다.

의미 없는 목표를 달성하느라 소중한 시간을 허비할 수는 없다. 시간과 에너지를 절약하여 목적에 부합하는 목표에만 집중하기에도 인생은 짧다. 그러니 최선의 결과를 낼 수 있는 옵션은 스스로 만들어내자. "만약에"는 그 옵션을 넓혀주는 키워드가 될 것이다. 창조는 새로운 것을 상상하는 능력에서 출발하기 때문이다.

왜 안 돼?

"앞으로 20년 뒤 당신은 한 일보다 하지 않은 일을 후회하게 될 것이다. 그러니 돛을 묶은 밧줄을 풀어라. 안전한 부두를 떠나 항해하라. 무역풍을 타라. 탐험하고 꿈꾸고 발견하라."

마크 트웨인이 이 말을 남긴 지 적어도 100년은 되었을 테지만, 여전히 우리는 무엇인가에 도전할 때 머뭇거린다. 물을 바라보는 것만으로는 강을 건널 수 없듯이, 시작도 하지 않은 일은 저절로 진행되지 않는다. 아무것도 안 하면 아무 일도 일어나지 않으니, 어떤 일이든 시작하고 봐야 한다.

누구나 잘 알고 있는 사실이지만, 이를 실천하는 사람은 드물다. 문제가 무엇인지, 어떻게 문제를 해결할지, 무엇을 해야 하는지 알면서도 실행에 옮기지 못하는 이유는 무엇일까? 변화를 바라면서도 왜 오늘과 같은 내일을 맞이하는 것일까?

할 일을 알면서도 실천을 주저하고 있다면 "왜 안 돼?"라고 자문해 보자. "혹시 실패하면 어떻게 하지? 남들이 보면 뭐라고 할까?"와 같이 쓸데없는 질문은 머릿속에서 지우고, 용기를 찾아주는 질문을 던져라.

알면서도 행동하지 못하는 이유는 많지만, 그 본질은 두려움이다. 사람들은 좋지 못한 결과나 주변의 반응이 두려워서 실천하지 못한다. 지금보다 상황이 나빠질까 봐 겁이 나는 것은 본능이니, 굳이 숨길 필요는 없다.

누구나 한 번쯤은 마음에 둔 이성에게 고백하지 못했거나, 대학 입시에서 원하는 학과를 포기하고 하향 지원했거나, 상사에게 이의를 제기하고 싶었지만 꾹 참은 적이 있을 것이다. 이는 "마음을 받아주지 않으면 어떻게 하지? 떨어지면 끝장이야. 미움 받으면 어쩌지?" 같은 두려운 마음 때문이다.

그러나 두려움은 실체가 없다. 스스로 판단을 내리고 선택한 일에 불안해할 필요는 없다. 세스 고딘은 "두려움을 느끼지 않는다는 것은 두려워하지 말아야 할 것을 두려워하지 않는 것이다"라고 말했다.

"왜 안 돼?"는 두려움의 실체를 밝혀주고, 두려움의 무게에 짓눌린 용기가 앞으로 나서도록 힘을 실어준다. 두려움의 실체를 파헤쳐보니 정작 아무것도 아니었음을 알게 되면 용기가 생긴다.

이렇듯 마음속에 공존하는 용기와 두려움을 이해해야 한다. 두려워해야 할 때 만용을 부리거나, 용기를 발휘해야 할 때 두려움을 느끼면 안 된다는 말이다. 히말라야 정상에 오른 사람들 중 9%는 산을 내려오지 못하고 죽음을 맞이하는데, 이 중 절반 가까이는 정상을 밟은 직후에 사고를 당한다고 한다. 정상에 오른 운동선수나 연예인들이 갑

자기 눈에 띄지 않거나, 신상품을 히트시킨 기업이 소리 소문 없이 문을 닫기도 하는 것은 그 때문이다. 성공을 경계하고 겸손을 보여야 할 때 오히려 용기를 발휘하는 것은 용기라기보다는 자만이고 교만이다.

게다가 충분히 능력이 있고 여건이 허락하는데도 불구하고 단순히 두렵다는 이유만으로 현실의 안락함과 손을 잡고 마는 경우가 많다. 이렇게 놓친 기회들이 후회라는 질병을 만들어내는 걸 알면서도 실체도 없는 두려움 앞에 머리를 숙이기 때문이다.

"만약에"를 통해 가능성을 발견했다면 "왜 안 돼?"라는 질문으로 용기를 가지고 도전하자. 때로는 답이라 믿었던 해결 방법이 싹을 틔우지 못할 수도 있다. 그러나 실패해도 다시 시작하면 된다. 의미 없는 일상을 반복할 바에는 차라리 실패하는 편이 낫다. 평범한 성공보다는 위대한 실패가 더 가치가 있지 않은가? 생존보다 중요한 것이 인생이기 때문이다.

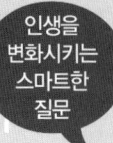

원의 실제

어떤 질문이든 그 목적은 발견에 있다. 질문을 통해 답을 찾았을 때, 그것이 전에 없던 새로운 것이라면 그 질문의 가치는 더욱 높아진다. 대개의 경우, 단 한 번 질문했다고 해결책을 찾지는 못한다. 답을 찾아가는 과정에서 떠올려야 할 질문을 목적별로 분류해보았다. 자신의 상황에 맞게 질문을 개발해보자.

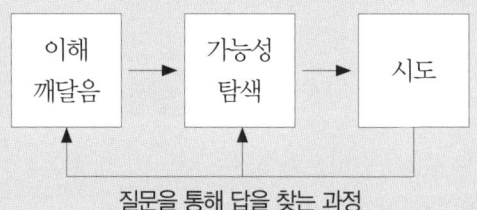

질문을 통해 답을 찾는 과정

영업 실적이 저조한 영업사원이 스스로에게 던지는 원

1. 이해하고 깨닫기 위한 질문: 왜?
    가. 감정을 헤아린다.
     – 영업 실적 부진은 나에게 어떤 영향을 미쳤는가?
     – 업무가 고단하다고 느끼는가? 그 이유는 무엇인가?
     – 이 문제를 바라보는 나의 감정은 어떠한가?

나. 사실을 따져본다.
- 어떤 일에 가장 많은 시간을 투자하고 있는가?
- 주 거래처는 어디인가? 이유는 무엇인가?
- 이 문제는 누구와 연결이 되어 있는가?
- 실적 부진의 원인은 무엇인가?

다. 당연함을 부정한다.
- 이 제품은 정말 팔릴 만한 가치가 있는가?
- 이 문제는 나에게 정말 중요한가?

라. 민감한 부분을 건드린다.
- 나는 어느 부분에서 무책임한가?
- 내가 외면하고 있는 문제는 무엇인가?

2. 가능성을 탐색하기 위한 질문: 만약에

가. 탐구하고 생각하게 한다.
- 현재 활용하지 못하고 있는 자원은 무엇인가?
- 그것이 정말 문제가 되는가? 해결 방안은 없는가?
- 문제를 제대로 인식하고 있는가?

나. 전제를 제거한다.
- 누가 이 일을 맡으면 문제가 해결될까?
- 시간과 돈이 충분하다면 무엇을 가장 먼저 할 것인가?
- 내가 거래처 사장이라면 어떤 거래 조건이 가장 부담스러울까?

3. 시도하고 도전하기 위한 질문: 왜 안 돼?

　가. 구체적 일정을 제시한다
　　- 목표를 달성하기 위해 언제 첫 작업에 착수해야 하는가?
　　- 수요일까지 완성한다면 무엇이 개선되는가?

　나. 가치와 연결한다
　　- 나는 현실에 안주하는가, 도전을 감당해내는가?
　　- 지금 이 일을 주저하는 것은 나의 가치관과 어울리는가?

　다. 긍정적 이미지를 제시한다
　　- 성공한다면 나 자신에게 어떤 선물을 주고 싶은가?
　　- 실적 향상으로 가장 큰 혜택을 누리는 것은 누구인가?

성공의 핵심 요소는 질문으로 잡아라

0.2%의 유대인이 세계를 평정한 이유

하버드대학교 재학생의 30%, 역대 노벨상 수상자의 25%, 미국 아이비리그대학교 교수의 30%, 『포춘』 선정 100대 기업 소유주의 약 40%가 유대인이라고 한다. 게다가 록펠러, 모건, 뒤퐁, GE, GM, IBM 등의 대기업은 모두 유대인 자본가가 설립한 회사다.

상대성이론의 아인슈타인, 정신분석학을 창시한 프로이트, 자본론의 저자인 마르크스, 투자의 귀재 조지 소로스, 스타벅스의 하워드 슐츠, 던킨 도너츠의 윌리엄 로젠버그, 베스킨라빈스의 어바인 라빈스 등 자신의 분야에서 독보적 입지를 차지한 유대인들은 일일이 셀 수 없을 정도다.

이렇듯 세계 인구의 0.2%에 불과한 유대인들이 학문과 기업의 세계를 평정한 비밀이 무엇인지 파헤치는 서적은 지금도 끊임없이 쏟아져 나오고 있다.

이스라엘의 학교를 방문하면 가장 많이 듣게 되는 말이 바로 "마타 호세"다. "네 생각은 무엇인가?"라는 뜻이다. 이스라엘의 교육 전문가들은 유대인 교육의 핵심이 질문을 통한 토론과 논쟁이라고 말한다. 그래서 교사들은 학생들에게 끝없이 질문을 끌어내고, 학생 또한 교사의 가르침을 있는 그대로 받아들이지는 않는다. 그러니 질문이 꼬리에 꼬리를 물고 이어진다. 유대인들은 어린 시절부터 자연스럽게 "왜?", "만약에", "왜 안 돼?"라고 질문하는 법을 터득한다.

세계 인구의 0.2%에 불과한 유대인들이 경이로운 업적을 이루어 낸 것은 뛰어난 통찰력 덕분이라고들 한다. 이들은 거대한 역사의 흐름 속에 자신들은 지금 어디에 있는지, 세계가 어떻게 변할지, 그 변화에 어떻게 대처해야 할지 잘 알고 있다. 세상의 변화와 인간의 삶을 통찰하기 때문이다.

논리, 속도, 효율에 중독되어 질문을 잃어버린 사람이라면 세상의 변화를 감지할 통찰력이 없으니 눈앞의 이익만 쫓는다. 눈앞에 드러난 현상만 볼 뿐, 그 이면의 배경이나 흐름은 알지 못한다. 그러니 삶의 진정한 의미를 모른 채 변화를 거부하고, 그날이 그날 같은 하루를 연명할 뿐이다.

유대인들은 늘 질문을 던지고 답하며, 그 답에 다시 질문을 던진다. 그래서 유대인의 하루는 질문으로 시작해서 질문으로 끝난다고 해도 과언이 아니다.

유대인 100명이 있으면 100개의 다른 생각이 존재한다는 말이 있다. 유대인들은 저마다 다른 생각을 가지고 있으므로 그 생각을 가감

없이 표현해야 한다고 믿는다. 그래서 질문하고 토론하며 생각을 드러낸다.

우리나라는 10년째 자살공화국 1위라는 불명예를 누리고 있다. 2013년을 기준으로 자살에 의한 사망자는 1만 4,000여 명이다. 10만 명당 29명이 자살한 셈이다. 이는 OECD 34개 회원국 중 가장 높은 수치로, OECD 회원국 평균인 12명보다도 무려 17명이나 많다. 37분마다 한 사람씩 스스로 목숨을 끊었다는 말이다.

게다가 교통사고 사망률도 OECD 1위다. 그런데 교통사고 사망의 가장 큰 원인이 피곤으로 인한 졸음운전이다. 잠도 제대로 못 자며 '빨리빨리' 움직이고 '부지런히' 일해서 성공한들, 어느 날 졸음운전으로 명을 달리한다면 과연 무슨 의미가 있겠는가?

그런데도 건강이나 목숨을 담보로 성공을 추구하는 이들은 셀 수 없이 많다. 이런 상황이 자살, 교통사고 사망률 등의 통계 지표로 드러나고 있다.

이러한 문제는 통찰력에서 나오는 근원적인 해법이 있어야 해결할 수 있다. 변화 속에서도 변함없는 본질을 꿰뚫어야 한다는 말이다. 유대인처럼 눈을 떠서 잠자리에 들 때까지, 말을 배우기 시작할 때부터 무덤에 들어갈 때까지 질문하기를 멈추어서는 안 된다.

세계적 투자가인 워런 버핏은 미국의 빈민 구호 재단인 글라이드에 기부하기 위해 1999년부터 자신과 점심을 함께 하는 행사를 경매에 부쳐왔다. 2012년에는 역대 최고액인 345만 달러(약 39억 원)에 낙

찰되기도 했다.

사람들은 수십억 원을 내면서까지 그를 만나 성공하는 방법이나 투자 요령 같은 것을 알고 싶어 한다. 그러나 그를 만났던 어느 사업가는 아이는 몇 살인지, 건강은 어떤지와 같은 일상적인 질문을 끝없이 쏟아내는, 90세를 바라보는 워런 버핏이 마치 호기심 강한 어린아이처럼 보였다고 말했다.

세상의 변화를 정확하게 읽어내는 그의 통찰력은 끝없는 질문과 호기심에서 비롯된 것이 아닐까 싶다.

1% vs 99%

이공계 대학을 수석으로 졸업한 학생이 의학전문대학이나 로스쿨에 진학하는 것이 이제는 특별한 화젯거리가 아니다. 그러나 특정 직업군으로 우수한 인재들이 쏠리는 현상은 문제다. 어린 시절부터 올바른 진로 교육과 지도가 이루어지지 않았다는 뜻이기 때문이다.

꿈을 이룬 사람의 이야기를 들어보면 당장의 힘든 환경이 문제가 되지 않는다는 것을 알 수 있다. 필자가 인터뷰했던 31명의 과학자는 대부분 힘들고 고통스러운 순간을 이겨냈다. 집안의 반대를 이겨낸 것은 물론이고, 연구 기반이 전혀 구축되어 있지 않아 그야말로 자갈밭에서 농작물을 일구어낸 사람도 많았다. 그런데도 그들은 가슴 뛰는 일을 한다는 것 자체에 보람을 느꼈고, 결국에는 위대한 업적을 이루었다.

정부가 고심해서 내놓은 이공계 우대 정책으로는 우수한 이공계 재원들의 이탈을 막을 수 없다고 본다. 설사 좋은 정책이 우수한 인재를 붙잡는다고 해도 고난을 이겨낼 의지와 과학에 대한 열정이 부족하다면 실제적인 효과를 보기는 어려울 것이다.

오히려 이공계의 엘리트들에게 미래에 대한 확고한 신념과 꿈이 있는지 물어보는 것이 우선은 아닐까 싶다. 호기심을 해결하기 위해 수행했던 수많은 연구와 실험이 가슴을 뛰게 했는지 말이다. 의학전문대학이나 로스쿨로 진로를 바꿔야겠다고 결심했을 때 과학을 내려놓아야 한다는 생각에 슬펐는가? 그렇지 않았다면 그들은 공부를 잘하는 사람일 뿐, 이공계에 적합하지 않았을 가능성이 높다.

1%의 영감과 99%의 노력이라는 말을 통해 에디슨이 전하려고 했던 메시지는 99%의 노력이 성과로 나타나기 위해서는 1%의 영감이 필요하다는 것이었다. 여기에서 말하는 영감이란 목표에 대한 열정과 도전정신, 스스로도 주체할 수 없을 만큼 설레는 감정을 뜻한다.

대부분의 사람들은 자신의 꿈이 뭔지도 모르고 꿈에 대한 확신도 없다. 당장은 고생스러워도 자신의 꿈을 좇아야 한다는 철학이 없는 것이다. 그러니 이제라도 진정으로 원하는 꿈을 찾고 성취하며 살아가는 것이 무엇보다 중요하다고 믿어야 한다.

인간은 누구나 독립된 자아를 가지고 있으며 자신의 의지대로 삶을 살고 싶어 한다. 이는 우리의 DNA에 새겨진 본능이다. 희망고문과 열정페이라는 말이 대변하듯 젊은이의 꿈과 열정을 담보로 기업들이 횡포를 부리는 요즘, 진정 자신이 바라는 것은 무엇인지 진지하게 고민해야 좌절하거나 도태되지 않을 것이다. 그것이 바로 에디슨이 말한 1%의 영감이 하는 역할이다.

품질 관리 분야의 개척자로 알려진 조세프 주란은 대부분의 불량이 소수의 문제에서 비롯된다는 사실을 깨달았다. 그는 불평등한 분배의 원칙이 다양한 사회 현상에 적용될 수 있다는 것을 깨닫고 '중요한 소수와 사소한 다수'라는 개념으로 발전시켰다. 이후 우연한 기회에 '인구의 20%가 전체 부의 80%를 차지한다'는 파레토의 법칙을 접하고는, 중요한 소수와 사소한 다수의 개념을 '불평등한 분배에 대한 파레토의 법칙'이라고 이름 붙였다.

이 법칙을 꿈에도 적용해볼 수 있을 듯하다. 껍데기에 불과한 80%에 집중할 것인가? 아니면 80%의 성과를 내는 20%의 알맹이에 집중할 것인가? 바쁘게 움직인다고 일이 성사되는 것은 아니다. 중요한 것은 '무엇' 때문에 바쁘게 움직이는가 하는 점이다.

사소한 다수를 해결하고 걸러내는 것은 핵심에 존재한다. "왜?", "만약에", "왜 안 돼?"의 3가지 질문은 핵심을 건드려서 사소한 문제들을 차례차례 해결한다. 핵심을 모른 채 문제를 해결하려 드는 것은 임시방편일 뿐, 문제는 해결되지 않은 채 에너지만 낭비하는 셈이다.

그러나 3가지 질문을 통해 문제의 핵심을 건드리면 숨겨진 문제의 본질을 알게 된다. 더 나아가 인생을 이해하는 지혜를 얻을 수도 있다.

예를 들어, 시간 관리를 못하는 사람이 3가지 질문을 통해 "일의 우선순위를 정하고 중요한 일을 먼저 하자"라는 답을 얻었다고 하자. 그에게 문제의 핵심은 '중요한 일에 집중하는 것'이다. 중요한 일에 집중하며 시간 관리를 하면, '한정된 시간 속에서는 선택하고 집중해야 한다'는 시간 관리의 본질을 발견하게 된다. 이는 곧 삶의 원칙이고 삶을 살아가는 지혜가 되며, 이를 통해 삶의 목적을 다시금 고민하게 될 것이다.

무엇이든 다 알고 있다는 자만심을 버리지 않는다면 질문을 던질 필요를 느끼지 못한다. 자신감이 아닌 확신을 가지고 바라본다면 자기 자신도 제대로 이해하지 못하게 된다. 그러니 늘 질문하고 마음속에 물음표를 품어야 한다.

더 나아가, 질문의 수준이 생각의 수준을 결정하고, 생각이 행동을 결정하며, 행동이 습관을 만든다. 그리고 그로 인해 미래의 내가 형성된다. 의미 있고 적절한 질문으로 올바른 답변을 얻어내기 위해 끊임없이 질문을 던져라.

새로운 아이디어를 찾는 질문

미국 애틀랜타에 본사를 두고 세계 200개국에서 한 해에 470억 병의 음료를 파는 코카콜라는 2013년을 기준으로 47조 원의 매출을 올리고 8조 7,000억 원의 순이익을 남겼다.

코카콜라는 1980년대 초에 미국 탄산음료 시장의 35%를 점유한 업계 최강자였다. 직원들은 코카콜라가 이미 정점을 찍었다고 생각했다. 게다가 막대한 자금을 쏟아 부어도 점유율은 0.1%가 올랐을 뿐이었으니, 모두들 더 이상의 성장은 불가능하다고 생각했다. 그러나 점유율은 조금씩 떨어졌고, 업계 2위인 펩시콜라가 맹렬히 추격하고 있었다.

당시 회장이었던 로베르토 고이주에타는 코카콜라의 성장을 가로막는 직원들의 고정관념을 깨야겠다고 생각했다. 그러려면 펩시콜라만 경쟁자로 여기는 생각을 혁신할 필요가 있었다.

"왜 직원들의 생각이 고착되었을까? 왜 더 이상 성장할 수 없다고 생각하는 것일까?" 질문을 거듭하던 그는 이런 질문을 던졌다. "만약 사람이 마시는 모든 액체를 기준으로 한다면 코카콜라의 점유율은 얼마나 될까?"

고이주에타 회장은 이 질문에 답을 구하기 위해 사람이 하루 동안 마시는 물이나 음료의 총량을 조사했다. 평균 64온스(1,814그램)였다. 이 중 코카콜라는 2온스(57그램)로 점유율이 3%에 불과했다. 탄산음료 시장에서는 35%에 달했던 코카콜라의 점유율이 순식간에 3%로 추락한 것이다.

그의 질문은 코카콜라의 경쟁 상대를 바꾸었고, 커피, 우유, 심지어 물까지 경쟁 상대가 되었다. 그가 취임할 당시 5조 원이었던 회사의 자산은 1997년에 152조 원으로 증가했다. "왜?"와 "만약에"라는 두 질문이 문제 해결을 위한 결정적인 아이디어를 제공한 것이다.

CEO, 연예인, 작가 등 유명한 인물들이 해외에서 장기간 휴가를 보내는 것을 보면서 한때는 돈 낭비라고 생각했다. 그러나 성공을 거둔 사람들은 해외를 여행하며 좋은 아이디어를 얻었다고 말하곤 한다. 이는 낯선 환경에서 질문을 던지기 때문이 아닐까 싶다. 낯선 환경에 놓이면 인간의 생존 본능이 깨어나 질문을 하고, 새로운 정보를 기존의 정보와 끊임없이 비교하면서 다른 관점에서 바라보게 된다.

언젠가 라디오에서 제주 올레길을 만든 서명숙 이사장의 인터뷰를 들은 적이 있는데, 스페인에 있는 산티아고 순례길을 걸으며 제주 올레길의 모티브를 찾았다고 한다. "사람들은 왜 이 길을 좋아할까? 만약 내 고향 제주도에도 이런 길이 있으면 많은 사람들이 거닐며 위안을 얻지 않을까? 제주도에는 왜 안 돼?"와 같은 질문이 산티아고 순례길을 걷는 내내 그녀의 머리에서 떠나지 않았던 것이다.

2006년, 산티아고에서 돌아온 그녀는 이듬해 제주도에 3개 코스를 열었다. 그리고 지금까지 20여 개 코스를 발굴해서 425킬로미터에 이르는 도보여행 길을 만들어냈다. 2012년까지 올레길 방문자는 110만 명에 달했다. 질문에서 얻어낸 아이디어가 지금은 수많은 사람에게 큰 행복을 주고 있는 것이다.

인풋이 바뀌지 않는데 다른 아웃풋이 나오길 바라거나, 생각의 틀은 바꾸지 않으면서 새로운 아이디어를 기대하는 것은 손 안 대고 코 풀겠다는 심보나 마찬가지다. 핵심을 집요하게 따지고 다양한 가능성을 탐색하다 보면 어느새 새로운 해답을 찾게 될 것이다.

인생의 주도권을 잡아라

말을 잘하는 사람 중에는 자신의 생각을 조리 있게 말하는 사람도 있지만, 잠시도 쉬지 않고 떠들어대는 말 많은 사람도 있다. 이런 사람이 유머감각까지 갖추었다면 심심하지도 않고, 내 쪽에서 말을 거느라 진을 뺄 일도 없을 것이다.

흔히 효과적인 설득의 기술로 7 대 3의 법칙을 든다. 상대방이 대화의 70%를 점유하게 하여 주도권을 잡고 있는 것으로 착각하게 만드는 것이다. 말을 많이 하면 감춰두었던 생각까지 말하게 되어 협상이나 설득 과정에서 불리한 위치에 놓이기 때문이다.

예를 들어, 어떤 남자가 마음에 드는 여성에게 말을 걸 때 "시간 있으세요? 차 한잔 하실래요?"라고 말하면 거절당할 가능성이 높다. 그렇지만 주도권을 잡고 이끌면 자신이 원하는 결과를 얻어낼 수도 있다.

남자 저녁에 같이 식사하실래요? 술 한잔 하는 건 어때요?
여자 아니오, 시간이 없네요.
남자 그러면 간단히 차나 한잔 하시죠. 잠깐이면 되는데.
여자 그러죠, 뭐.

이렇게 만나는 것을 기정사실로 만들고 선택지를 주는 것이다. 앞에서 이야기했듯이, 사람들은 선택지가 주어지면 되도록 선택의 폭을 좁힌다. 그러므로 남자가 원하는 바를 얻을 가능성이 높다. 두 가지 다 거절당할 경우에는 미리 준비한 또 다른 선택지를 제시하여 결국에는 원하는 결과를 얻을 수도 있다.

이렇듯 진정한 주도권은 말을 잘하는 것이 아니라 대화를 잘하는 것이고, 상대방이 말을 많이 하도록 질문을 잘 던지는 것을 뜻한다. 그러니 말을 잘한다고 대화의 주도권을 쥐는 것은 아니다.

인생의 모든 시기는 성공적인 삶을 만드는 데 일정한 영향을 미친다. 그중에서도 목적을 정하고 목표를 세워 처음으로 그것을 성취하는 시기는 인생에서 가장 중요한 때라고 할 수 있다. 이때 인생의 주도권을 잡는 것이 바로 3가지 질문이다.

"왜?"는 모두가 간과했던 삶의 본질을 알려주고, "만약에"를 통해 생각지도 못한 실행 방안, 즉 목표를 설정하게 된다. "왜 안 돼?"를 통해 용기를 가지게 되면 설정한 목표를 성취해가며 목적에 맞는 삶을 살 수 있다. 성공한 인생의 주인공이 되는 것이다.

매일 아침 직장상사의 입만 쳐다보는 당신의 모습을 돌아보라. 교사, 교수, 친구, 동료, 애인, 이들이 당신의 인생을 대신 살아주지 않을 것을 알면서도 왜 이들이 당신의 인생을 좌우하도록 방치하는가? 인생의 기로에서 방향을 결정해야 하는 시기라면 스스로 인생의 주도권을 잡아라. 타인에 의한, 체계에 의한 삶이 아니라 자신의 의지에 따라 인생을 설계하고 영위해야 한다.

존 스컬리를 유혹한 질문의 힘

필자는 위인들의 명언을 외우고 다닐 만큼 머리가 좋지는 않아서, 그것들을 나만의 언어로 바꾸어 머리와 가슴에 새기고 종종 떠올려보곤 한다. 단어의 조합보다는 생각을 번뜩이게 하거나 가슴 뭉클하게 만드는 메시지가 중요하다고 생각하기 때문이다.

누구나 자신의 내면에서 위인들이 남긴 메시지를 찾아내는 질문을 만들 수 있다. 예를 들어 "무엇이 두려운가?", "지금의 고통과 도전한 뒤 실패했을 때의 고통 중 어느 것이 더 감당할 만한가?", "포기하지 못하는 그 일이 내게 진정 중요한가?"와 같은 질문은 두려움을 이겨내고 용기를 발휘해야 한다는 메시지를 찾도록 도와준다.

이런 질문에 답해본 사람들은 내면에 숨겨진 자신의 잠재력을 깨닫고, 남다른 성과를 만들어내기도 한다.

현실에 만족하는 것이 변화에 대한 두려움 때문이라면 비겁한 삶을 사는 셈이다. 지금의 일을 10년 뒤에도 한다면 어떨지 스스로에게 물어보자. 생각만 해도 끔찍하다면 다른 길을 찾아보는 편이 좋다. 이럴 때 '왼'은 마음속에 숨어 있는 다른 꿈을 찾게 해준다.

1982년 말, 스티브 잡스는 펩시콜라 사장이자 마케팅과 광고 분야의 베테랑이었던 존 스컬리를 스카우트하기 위해 고군분투했다. 스티브 잡스는 애플의 CEO 자리에 존 스컬리가 적임자라고 판단해서 여러 차례 그를 만났지만, 그는 쉽사리 승낙하지 않았다.

1983년 3월, 둘 사이의 지루한 줄다리기는 막바지에 접어들었다.

이날도 잡스는 스컬리에게 애플의 CEO 자리를 제안했다. 그러나 스컬리는 좋은 친구로 지내자면서, 마케팅과 광고에 대해서는 얼마든지 조언해주겠노라며 한 차례 더 거절했다. 그러자 잡스는 이렇게 반문했다.

"설탕물이나 팔면서 남은 인생을 보내고 싶습니까? 아니면 세상을 바꿀 기회를 붙잡고 싶습니까?"

28세의 청년이었던 잡스는 코카콜라의 유일한 경쟁 업체였던 펩시콜라의 사장을 이렇게 도발했다. 스티브 잡스의 아이디어와 열정에 호감을 느끼면서도 그의 제안을 거절하는 스컬리에게, 잡스는 도대체 무엇이 두려워서 변화를 거부하느냐고 호통을 친 셈이다.

결국 그해 5월, 스컬리는 애플에 합류했다. "왜 안 돼?"라는 질문이 스컬리의 내면에 잠자고 있던 용기를 끄집어내준 덕분이었다.

아이들은 무한한 가능성을 지니고 있다. 어떤 가능성이 잠자고 있는지는 아무도 모른다. 그런데 아이가 의사 가운이나 법복의 가능성을 지니고 있다고 믿는 많은 부모들은 아이들에게 하루라도 빨리 그 옷을 입히려 든다. 그러나 억지로 가능성을 끄집어내려 해봤자 오히려 가능성이 닫혀버릴 수도 있다. 걸작이 그려질 수 있는 하얀 캔버스를 더럽히는 것은 오히려 어른들이다.

직장에서도 마찬가지다. 실수를 참아주는 상사나 동료는 드물다. 실수는 실적과 직결되며, 자신에 대한 평가로 이어지고, 곧 연봉, 고용 기간, 승진 등에 영향을 미친다. 그래서 기다림과 격려는 기대할 수도 없다.

그러나 우리에게는 가능성을 끄집어내주는 도구가 있다. 앞에서 말한 3가지 질문은 내면에 숨어 있는 잠재력을 깨워준다. 가정이나 직장에서 어떤 위치에 있는지는 중요하지 않다. 그러나 질문을 습관처럼 활용한다면 자신은 물론 주변 사람들에게도 용기를 북돋아주고 잠재력을 일깨워줄 수 있을 것이다.

전진의 법칙

성공은 로또 같은 한 번의 대박이나 행운이 아니다. 이런 일은 1회성 이벤트에 지나지 않는다. 오히려 성공은 노년에 이르러서야 확인할 수 있는 마지막 카드다. 자신의 생각대로 그림이 완성되었는지는 오직 본인만이 평가할 수 있다.

그림을 그릴 때 밑그림이 결정되면 매 순간 붓놀림에 집중해야 한다. 그러나 가끔은 제대로 그림을 그리고 있는지 먼발치에서 살펴볼 필요도 있다. 인생도 마찬가지여서, 큰 목적을 염두에 두고 삶의 매 순간에 작은 목표를 이루는 데 집중해야 한다. 그러나 가끔은 잠시 멈춰 서서 삶이 제대로 굴러가고 있는지, 방향을 잃지는 않았는지 길게 내다보고 확인해야 한다.

인생은 100년도 안 된다. 짧다면 짧은 시간 동안, 매 순간 사건이 끊임없이 일어나는 와중에 보이지 않는 골을 향해 달려가는 것이다. 의식하지 못해도 오늘 경험한 사소한 일은 목표를 향하는 과정이다. 이런 일 중 하나라도 빠지면 결코 목적지에 닿을 수 없다.

작은 목표에 집중하고 그것을 성취하는 것이 바로 인생이다. '왜', '만약에', '왜 안 돼'라는 질문은 구체적인 목표를 세우게 할 뿐 아니라 그것을 성취하도록 힘을 준다. 성취가 성취를 낳는 선순환이 생기면 우리의 삶은 더욱 아름다워질 것이다.

개인과 조직의 창의성과 혁신 분야의 대가인 하버드 경영대학원의 테레사 에머빌 교수는 매일 조금이라도 전진하는 것이 복지나 급여와 같은 인센티브보다 더 강력한 영향을 미친다고 했다. 『전진의 법칙』에서는 가장 기분이 좋았던 날에 상당수의 직원들이 업무의 진행을 가로막았던 문제를 해결했거나 새로운 목표를 설정하는 등 작은 성취를 경험한 것으로 나타났다. 기분이 좋은 날은 그렇지 않은 날보다 창의적인 아이디어를 떠올릴 확률이 50%가량 높은 것으로 나타났는데, 이것에 가장 큰 영향을 미치는 것이 바로 작은 성취라는 것이다. 이는 곧 긍정적인 직장 생활로 이어지고 다시 작은 성취로 연결되면서 성취가 성취를 낳는 고리가 만들어진다. 가장 기분 좋은 날, 직원들이 어떤 것을 경험했는지는 다음과 같다.

- 업무 문제 해결, 목표 설정　　　76%
- 자율성 보장, 업무 지원　　　　43%
- 좋은 대인 관계　　　　　　　　25%
- 업무 퇴보, 목표 상실　　　　　13%
- 업무 지원 부족, 강압적 명령　　6%
- 대인관계 훼손　　　　　　　　0%

때로는 작은 목표를 이루는 과정에서 예상보다 나쁜 결과를 거둘 수도 있고, 실패할 수도 있다. 그러나 실패나 실수는 인생에서 불가피한 것이므로 겸허히 받아들여야 한다.

그림을 그리며 덧칠 한 번 하지 않고 한 번에 그릴 수 있는 사람은 거의 없다. 작은 성취를 인생의 성공으로 착각하는 순간, 삶은 전혀 다른 방향으로 흘러간다. 또한 단 한 번의 실패가 인생을 좌우하지도 않는다. 그러니 성취나 실패와 마주할 때 자만하거나 포기하지 않도록 스스로를 다독여야 한다.

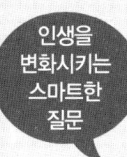

언제, 어떤 질문이 필요한가?

인생은 긴 여정과 같다. 끝없이 새로운 목표를 찾고 그것을 성취하기 위해 계획을 세우고 시도하기 때문이다. 그리고 그 과정에는 수많은 선택의 순간이 존재한다.

그렇다면 어떤 질문이 현명한 답을 찾게 해줄까? 긴 여정 속에서 언제, 어떤 질문이 필요할까? 새로운 목표를 세우고 그것을 완성하는 과정에서 필요한 질문들은 아래와 같다.

1. 중요한 목표를 수립할 때
- 나의 삶은 누구의 것인가?
- 목표는 나의 심장을 뛰게 하는가?
- 목표를 이루려는 목적은 분명한가?
- 목표의 최종 모습을 분명하게 그릴 수 있는가?
- 목표를 달성할 수 있다고 믿는 근거는 무엇인가?
- 목표의 달성은 나를 남들과 다르게 만드는 데 기여하는가?
- 끝까지 지켜야 할 가치는 무엇인가?
- 지금 충분히 건강하고 튼튼한가?

2. 계획대로 일이 잘 진행될 때
- 늘 염두에 두고 충실해야 하는 기본은 무엇인가?
- 새로운 기회가 오고 있음을 직감하는가?
- 더 이상 개선의 여지는 없는가?
- 낭비하는 시간은 없는가?

- 하루 중 변화를 고민하는 시간은 얼마인가?
- 하루에 몇 번 웃는가?
- 누구도 시도하지 않은 일을 계획하고 있는가?

3. 목표를 추구하는 과정에서 의지가 약해질 때
   - 의지를 약화시키는 부정적 습관은 무엇인가?
   - 다른 일에 관심이 생긴다면 새로운 호기심 때문인가, 끈기가 부족해서 인가?
   - 지금까지 지켰던 약속과 그렇지 못했던 약속은 무엇인가?
   - 나는 중요한 일에 집중하고 있는가?
   - 새로운 것을 받아들이지 않으면서 남다른 결과를 기대하는가?
   - '그럭저럭'이라는 말을 어떻게 생각하는가?

4. 인간관계로 힘겨울 때
   - 그가 진심으로 하려는 말은 무엇인가?
   - 나는 그를 얼마나 잘 아는가?
   - 그에게 총을 쏠 것인가, 장미를 줄 것인가?
   - 나는 다양성을 인정하는가?
   - 우리가 서로 돕지 못할 이유는 무엇인가?
   - 나는 그 사람 앞에서 떳떳한가?

5. 극복하기 어려운 위기를 만났을 때
 - 포기해야 하는 것은 무엇인가?
 - 지금의 위기에서 나에게 득이 되는 부분은 무엇인가?
 - 도전의 진정한 의미는 무엇인가?
 - 나는 실패를 생각하고 있는가?
 - 시련은 피해야 할 대상인가?
 - 두려움의 실체는 무엇인가?
 - 스트레스는 어떻게 나를 단련시키는가?

6. 목표를 달성했을 때
 - 누구의 도움이 나를 여기까지 이끌었나?
 - 지금의 목표가 최종적인 상태인가? 또 할 일은 없는가?
 - 목표 달성에 따른 성과는 어떻게 나누어야 하는가?
 - 지금의 성과는 더 좋은 사회를 만드는 데 기여하는가?
 - 지금 나는 제대로 가고 있는가?

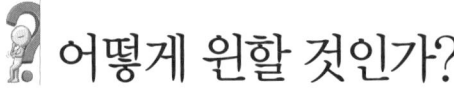 어떻게 원할 것인가?

내가 가는 길부터 돌아보라

대통령이 되겠다던 어릴 적의 당돌한 꿈은 월 300만 원을 받을 수 있는 일자리라는 현실적인 꿈으로 바뀐다. 게다가 1년마다 계약서를 갱신해야 하는 비정규직이 아니라 적어도 50세까지는 일할 수 있는 안정적인 정규직이기를 바란다. 세상에 두려울 것이 없던 자신감은 어디로 가고, 일할 자리만 준다면 쓸개까지도 내놓을 준비가 되어 있다. 매슬로가 이야기했던 고귀한 자아실현 욕구는 온 데 간 데 없고 남은 것은 오로지 먹고살 걱정뿐이다. 이것이 우리의 현실이다.

많은 사람들이 왜 살아가는지에 대해 전혀 생각하지 않는다. 직장에서 작성하는 보고서에는 일의 목적과 목표를 분명히 밝히면서도, 정작 자신의 인생 목적에 대해서는 아무 이야기도 할 수 없다. 그리고 어중간한 목표를 몇 개 정해놓고는, 그것이 인생을 성공으로 이끌어주는 보증수표라도 되는 듯 집착한다. 그러니 어떤 목적을 세우고 살아가고 있는지 명확히 답할 수 있다면 인생을 제대로 살고 있는 것이다.

질문의 첫 번째 대상은 바로 자신이다. 그중에서도 자신이 생각하는 인생의 목적을 따져봐야 한다. 왜 사는지, 또는 인생의 목적이 무엇인지 물으면 대부분 행복하게 사는 것이라고 답한다. 그러나 행복은 인생의 목적이 될 수 없다. 행복은 추구하는 것이라기보다는 목표를 성취하면서 자연스럽게 느끼는 감정이기 때문이다. 성공한 사람들은 하고 싶은 일을 즐겁게 하다 보니 돈도, 행복도 저절로 손에 쥐게 되었다고 말한다. 이 말은 자신이 가고 있는 길부터 다시 봐야 하는 이유이기도 하다.

지금까지 살아가는 이유를 생각한 적이 없다면, 지금 떠오르는 생각에 "왜?"라는 질문을 던져보자. 자신의 생각에 확신이 없다면 끊임없이 질문해야 한다. 더 이상 궁금한 것이 없을 때까지 파고들어야 문제의 핵심이 보인다. 당신의 심장이 언제 격렬히 요동치는지 분명히 살펴보아야 한다는 말이다.

2003년, 사관학교를 졸업하고 일선 부대에 복무하면서 필자에 대한 사람들의 인식이 바뀐 것을 느낄 수 있었다. 생도 제복을 입었을 때와 군복을 입었을 때 필자를 바라보는 사람들의 눈은 달랐다. 연배가 있는 남자들은 계급이 낮고 젊은 군인을 우습게 봤다. 언론에서는 종종 군대가 문제 있는 집단이거나 비밀을 숨기고 있는 것처럼 보도하기도 했다.

누구나 다른 사람에게 인정받고 싶어 하며, 어떤 조직의 구성원이라는 이유만으로 존경받기를 원한다. 필자 역시 군대를 바라보는 국민들의 인식이 긍정적이고 우호적으로 바뀌어야 한다고 생각했다. 나아가 국방의 의무를 다하는 사람으로서 국민에게 존중받기를 바랐다. 동기들과 이야기를 나누어보면, 그렇지 못한 현실을 진심으로 걱정하고 있었다.

그래서 어떻게 해야 사람들의 인식이 긍정적으로 바뀔지 고민했다. 그 결과, 모든 부하와 동료, 심지어 상사까지도 잠재적 고객으로 생각해야 한다는 결론에 이르렀다. 군인도 시간이 지나면 전역하게 되고, 그때는 세금을 내고 국방 서비스를 받는 민간인이 된다.

특히 병사들은 자신이 근무한 부대가 군 조직 전체를 판단하는 기준이 되기 때문에, 이들에게는 어느 것 하나 허투루 하지 않기 위해 신경을 썼다. 임무를 부여할 때는 객관적이고 냉정해야 했고, 때로는 그들의 감정도 보듬어주어야 했다. 그래야 훗날 자신들이 낼 국방비를 아까워하지 않을 것이라고 믿었다.

사관학교에서 받은 교육의 덕분인지, 젊은 시절의 호기 덕분인지, 그때는 이것이 살아가는 목적이자 이유라고 믿었다. 대학원에 들어가서도 이 생각은 변함없었다. 대한민국을 이끌어가는 지식인들에게 대한민국의 군인이 어떠한지 알려주고 싶었다.

필자에게는 이처럼 명확한 삶의 목적이 있었다. 그런데 어느 날 갑자기 이 목적에 의문이 생겼다. 분명히 가치 있고 바람직한 일이긴 한데, 왜 이 일을 해야 하는지에 대해 딱 맞는 대답을 찾을 수 없었던 것이다. 끝없이 질문을 던졌지만 이것이 정말로 인생의 목적인지 의문을 지울 수 없었다.

Why	인생의 목적
인생의 목적이 무엇인가?	군에 대한 국민의 인식을 좋게 바꾸는 것
왜 국민의 인식을 바꾸려 하나?	내가 사랑하는 군이 좋게 평가받아야 하니까
왜 좋게 평가받아야 하나?	내가 몸담은 조직이니까
왜 군에 몸담고 있나?	사관학교를 졸업했으니까
왜 사관학교를 갔나?	사관학교를 가고 싶었으니까
왜 사관학교를 가고 싶었나?	제복이 멋있고….

물론 군에 대한 국민의 인식을 긍정적으로 바꾸는 일은 보람 있는 일이며, 이를 위해 지금도 많은 사람들이 땀 흘리며 고생하고 있다. 어떤 사람은 필자의 의문에 공감하지 못할 수도 있다. 혹자는 개인적인 가치를 추구하는 것보다 조직에 기여하는 편이 더 가치 있다고 생각할 수도 있다.

인간이라면 누구나 자신의 욕구를 충족시키고, 목표를 달성하려 한다. 그리고 그것을 추구하는 과정에서 행복을 느낀다. 타인을 위해 사는 것도 남을 돕는 행위나 마음이 남을 도와야 한다는 내면의 욕구(가치)를 충족시키기 때문이다. 자신이 원하는 것이 돈이든 명예든, 권력 또는 자존감이든, 그도 아니면 나눔이든, 자신의 이익과 욕구에 따라 사는 것이 인간이다.

문제는 자신이 진정 무엇을 원하는지 모른다는 것이다. 다행히도 필자는 지금의 내 모습이 과연 진정으로 바라던 것이었는지 질문을 던지게 되었다. 그러다가 학창 시절부터 불쑥불쑥 튀어나오던 가슴속 뜨거운 열정이 떠올랐다.

내면에서 들리는 소리를 무시할 수 없었다. 질문을 던질수록 접어놓았던 꿈이 펼쳐졌다. 그럴 때면 가슴이 떨렸다. 결국 욕구를 따르기로 했다. 이것이 모두를 위한 길이라고 생각했다. 몸담고 있는 조직에도, 가족에게도, 필자를 걱정하는 지인들에게도 진심이 전해지리라 믿었다.

당신의 꿈을 종이에 적어놓고 "왜?"라고 물어보라. 진정으로 원하는 것인지 확신할 수 없다면 그 종이는 찢어버리는 편이 낫다. 그리고 조용히 내면의 소리에 귀를 기울이면 머지않아 진정으로 바라는 일이 무엇인지 알게 될 것이다.

경험에서 의미를 발견하라

생도 시절, 같이 방을 쓰던 3명의 동기 중에 우람한 체구인데도 100미터를 12초에 끊는 친구가 있었다. 그래서 1학년 말부터 럭비부로 선발되어 학교 대표로 활동했다. 매일 오후 3시부터 저녁 8시까지 운동을 하고도 새벽 1시까지는 다음 날 시험이나 리포트를 준비했다. 6주의 휴가 중에 2주는 합숙 훈련을 해야 했다. 힘든 과정을 열심히 해내는 친구를 옆에서 지켜보며 대단하다고 생각하곤 했다.

삼군사관학교 체육대회가 끝난 가을, 그 친구는 여름 합숙 기간 동안 썼다는 일기장을 보여주었다. 죽고 싶을 만큼 힘든 훈련 과정이 일기장에 고스란히 쓰여 있었다. 몇 장을 넘기지 못하고 필자는 그만 눈물을 보이고 말았다.

다음 날, 나는 럭비부 감독을 찾아가 입단 신청을 했고 몇 가지 테스트를 거친 후 럭비부의 일원이 되었다. 지금 생각해보니, 친구의 아픔을 몰랐다는 자괴감 때문에 남들이 꺼리는 럭비부에 입단한 것 같다.

운동하는 2년 동안 크고 작은 부상을 많이 입었다. 이마에는 꿰맨 자국이 지금도 선명하게 남아 있고, 앞니도 3대나 부러졌다. 그래도 어깨 인대가 끊어지고 손가락이 부러졌던 친구들에 비하면 나는 부상자 축에도 못 들었다. 그때는 운동이 끝난 뒤, 찰과상이 한 군데라도 없으면 허전할 정도였다. 손목이나 발목을 삐는 일도 다반사였다. 그만큼 치열하게 운동했다.

오랜 세월이 흘렀지만 지금도 럭비부에 입단한 그날의 결정을 후회하지 않는다. 오히려 인생 최고의 결정이었다고 생각한다. 운동뿐 아니라 정신력을 강조했던 감독의 가르침은 지금도 인생의 고비마다 지침이 되어주곤 한다.

경험보다 값진 자산은 없다. 그러나 경험을 가슴속에 담아두기만 한다면 서가에 꽂아두기만 한 고전과 다를 바 없다. 오늘을 살아가는 지혜는 경험에서 얻어야 한다. 지금도 "왜 그때 럭비부에 입단했을까?", "왜 감독님은 힘든 순간에 인간의 본성이 드러난다고 하셨을까?"라고 질문하며 경험을 되새기고 영감과 깨달음을 얻는다.

어떤 경험은 앞으로 걸어가야 할 길을 보여주기도 한다. 필자에게 2년간의 선수 생활은 인생을 럭비 하듯 살아야 한다고 가르쳐주었다. 자신이 상처 입더라도 타인을 돕고, 자신에게 가장 잘 맞는 자리에서 주어진 역할에 최선을 다하라고 말이다.

페이스북 최고운영책임자인 셰릴 샌드버그가 "인생은 일자로 뻗은 사다리가 아니라 정글짐과 같다"라고 말한 것처럼, 사람은 다양한 경로를 통해 정상에 오를 수 있다. 무관해 보이는 경험들이 정상에 오를 수 있는 길이 되는 것이다. 경제 분야에서만 10년을 일했던 그녀가 혁신적 IT 기업을 대표하는 회사인 구글을 거쳐 페이스북에 몸담고 있는 것 자체가 이를 증명하고 있다. 그녀는 지금의 자신을 과거에는 상상도 할 수 없었다고 했다.

스티브 잡스 또한 2005년 스탠퍼드대학교 졸업 연설에서 경험의 중요성을 언급했다. 그는 중퇴했던 리즈대학에서 서체 관련 수업을 들었던 것이 훗날 매킨토시의 다양한 서체 개발로 연결되었다고 말했다. 자신이 세운 회사(애플)에서 쫓겨난 뒤 더 창의적이고 열정적인 CEO로 거듭날 수 있었다. 모든 경험은 당시에는 그 가치를 알 수 없었지만 결국 자신을 형성한 귀중한 자산이 되었다는 것이다. 그러므로 어떤 일을 하고 있든 그것이 훗날 자신의 모습으로 연결된다는 믿음을 잃지 말라고 당부했다.

그러나 경험 자체가 사람을 길러내지는 않는다. 사람을 성장시키고 변화시키는 것은 경험에서 찾아낸 의미다. 셰릴 샌드버그나 스티브 잡스가 진심으로 하고 싶었던 말은 자신의 경험이 무엇을 말하는지 귀 기울여야 한다는 것이다.

경험이 주는 의미는 시기나 감정에 따라 달라질 수 있다. 과거를 바꿀 수는 없지만, 과거에 대한 인식은 바뀌기 때문이다. 그래서 늘 과거의 경험을 반추하며 의미를 되새기는 작업이 필요하다. 그리고 항상 "왜?"라는 질문이 따라야 한다. 지금 당신의 경험이 무엇을 말하고 있는지 질문해보라. 그 속에서 꿈을 찾을 수 있을 것이다.

시장점유율의 비밀

심장이 때와 장소를 가리지 않고 뛰듯, 언제, 어디에서든 질문으로 심장을 뛰게 하는 연습을 해야 한다. 이는 질문하는 습관을 갖게 해주기도 한다. 특히 멍하니 시간을 보내야 할 때가 질문을 던지기 좋은 시간이다. 스마트폰만 만지작거리지 말고 머리를 굴려서 당연하다고 생각했던 것에 질문을 던져보자. 그러면 이전에는 몰랐던 새로운 사실을 발견할 수도 있다.

이렇게 질문하는 습관이 들면 중요한 문제에 대한 접근 방식이 바뀐다. 예전에는 당연하다고 생각했던 것에도 의문이 생기고 근본적인 해법을 고민하게 된다.

1981년, 잭 웰치는 오랫동안 염원했던 GE의 CEO로 부임했다. 그는 GE가 손대는 사업은 시장에서 반드시 선두가 되어야 한다고 공표했다. 사업을 재편성하는 과정이 쉽지는 않았지만 그로 인해 GE는 업계 정상의 자리를 지킬 수 있는 전환점을 맞이했다. 그의 선두 전략은 옳았다.

그러나 성장일로를 걷던 1995년에 관리직 연수에 참석한 잭 웰치는 다른 업종과의 교류 차원에서 참여한 육군사관학교의 관계자로부터 이런 질문을 받게 된다. "선두 전략이 시장의 범위를 오히려 좁게 만들지는 않습니까?"

이는 10여 년간 GE의 성장을 이끌어온 사업 전략의 약점을 정확히 짚은 질문이었다. 시장에서 1위나 2위를 하기 위해서는 시장이 크지 않은 편이 유리하다. 예를 들어, 에어컨 시장의 규모가 1천억 원이라고 하면 200억 원의 매출로는 1위나 2위를 차지하기 어렵다. 그러나 시장의 범위를 가정용 에어컨 시장으로 좁히면 시장의 규모가 300억 원으로 줄어든다. 그러면 200억 원의 매출만으로도 1위나 2위를 할 수 있게 된다.

그 질문은 GE가 1, 2위를 차지하는 것이 시장의 범위를 너무 좁게 설정했기 때문이 아니냐는 의미였다.

"왜 업계 1, 2위를 달리는 사업이니 더 이상 성장할 수 없다고 생각했을까?"

적잖이 충격을 받은 잭 웰치는 모든 사업 부문의 시장 범위를 다시 설정하라고 지시했다. 현재의 시장점유율이 10% 수준이 되도록 시장의 범위를 확대해서 설정하라는 것이었다. 코카콜라가 탄산음료에서 사람들이 마시는 모든 액체로 시장의 범위를 확대했듯이 말이다.

어떤 사람들은 이런 질문이 지나치게 분석적인 시각을 갖게 한다며 부정적으로 보지만, 이는 오해다. 모든 문제를 낱낱이 분석하여 전부 해결하라는 말이 아니라, 분석해서 발견하게 되는 핵심에 집중하라는 것이다. 그리고 핵심만 해결하면 사소한 것에는 신경 쓰지 않아도 되는 경우가 많다.

키나 외모, 성격, 직업, 취미, 인간관계, 경험, 철학 등 아무 생각 없이 당연하다고 여긴 것에 질문을 던져보자. 때와 장소를 가리지 마라. 눈앞을 스쳐가는 단어와 문장, 장면에 질문을 던져라. 그동안 찾아 헤매던 꿈이나 해결책을 발견할 수도 있다.

왜? 왜? 왜?

"어떤 목적을 갖고 있는가?" "무엇을 위해 사는가?" "왜 사는가?" 이런 질문은 며칠, 몇 주, 몇 개월간 고민한다고 해서 분명한 답을 얻지는 못할 것이다. 어떤 이들은 눈을 감는 순간까지도 왜 이제껏 힘들게 살아왔는지 그 이유를 깨닫지 못한다. 그러므로 삶의 목적을 분명하게 인식해야 진짜 인생이 시작된다.

이런 사실을 알고 있는 사람들은 이것저것 다양하게 경험하려 한다. 그리고 경험을 통해 자기 자신을 조금씩 알아간다. 이 과정에서 좋아하는 일, 공감하는 생각, 함께 있고 싶은 사람, 지키고 싶은 가치와 철학 등을 만난다. 그러면 어떤 삶을 살 것인지, 삶의 목적을 명확히 하게 된다.

그러나 모든 사람들이 삶의 목적을 찾는 것은 아니다. 제대로 찾았다고 생각하지만 잘못 알고 있는 경우도 많다. 기업 같은 조직도 마찬가지다. 처음에는 뚜렷한 목적의식을 갖고 시작하지만, 시간이 지나면서 설립 목적이나 창업주의 정신들은 사라지고 덩치 키우기와 돈벌이에만 매진하곤 한다.

이럴 때 "왜?"라는 질문을 사용하면 목적을 분명히 알 수 있다. "왜 하고(되고) 싶은가? 왜 해야(되어야) 하는가? 왜 할(될) 수 있는가?"라고 물어보라.

이 질문들은 일에 대한 열정, 일이 만들어내는 가치, 일을 수행할 수 있는 능력을 깨닫게 해준다. 이 중 어느 부분에 더 무게를 둘 것인지는 사람이나 조직에 따라 달라진다. 개인의 독립성을 중요하게 생각하는 사람은 "왜 하고 싶은가?"를 고민할 것이고, 집단의 조화를 중요시하는 사람은 "왜 해야 하는가?"를 따질 것이다. 그러니 자신이 생각하는 인생의 목적을 놓고 이 질문을 던져보라. 자신 있게 답할 수 있다면 그것이 평생 추구해야 하는 삶의 목적이다.

가슴 뛰는 하나의 목표를 찾아라

삶은 나이가 들수록 복잡해진다. 지금 당장 해야 하는 일뿐 아니라 앞으로 준비해야 할 일도 점점 많아지기 때문이다. 그런데 미래를 준비하는 일은 쉽지가 않다. 건강, 재산, 가족, 친구, 직장 등 너무나도 많은 일이 내 앞에 펼쳐져 있기 때문이다. 게다가 앞날은 예측할 수가 없으니 어떻게 상황이 달라질지 알 수 없다.

이 모든 경우를 고려하여 완벽하게 준비하기에는 역부족이므로 취사선택을 할 수밖에 없다. 자신이 중요하다고 생각하는 일에 집중하고 그렇지 않은 일은 문제가 생기지 않는 범위 내에서 관리하되, 최대한 에너지를 절약해야 한다.

그런데 대부분의 사람들은 모든 면에서 완벽을 기하려고 든다. 그러면 즐거워야 할 오늘이 내일을 위한 담보가 되어버린다. 이런 사람에게는 늘 내일뿐이다. 미래에 대한 걱정 때문에 단 하루도 두 다리를 펴고 잠들지 못한다.

인생은 전 과목에서 100점을 받아야 하는 중간고사나 기말고사가 아니다. 당신이 공부를 잘했든 아니든, 시험은 언제나 부담스러웠을 것이다. 그러나 자신 있는 과목이나 좋아하는 과목에서만 100점을 맞고, 다른 과목에서는 낙제를 면하는 정도만 점수를 받는 것을 목표로 했다면 어땠을까? 아마 원하는 점수를 얻었을 것이다. 시험에 대한 부담이 사라졌을 것은 두말할 필요도 없다.

이는 제대로 된 인풋 하나가 아웃풋의 대부분을 만들어낸다는 사실을 보여준다. 월트디즈니의 앨런 혼 회장이 구사하는 빅 이벤트 전략은 이 사실을 잘 보여준다. 1998년, 그가 오기 전까지 디즈니는 매년 모든 영화에 1억 달러씩 공평하게 투자했다. 그러나 앨런 혼이 회장으로 부임한 뒤에는 「어벤져스」, 「아이언맨 3」와 같이 아이디어가 우수한 영화에 2억 달러 이상을 투자하고 있다.

특히, 2013년에 개봉한 「아이언맨 3」은 2억 달러를 투자해 무려 12억 달러의 수입을 거두었다. 소위 고위험 전략을 구사한 덕에 디즈니의 매출은 250억 달러에 400억 달러로 크게 늘어났다.

복잡한 세상에서 슬기롭게 살아가기 위해서는 단순함에 집중해야 한다. 중요한 한 가지 일에 집중해야 한다는 말이다. 게리 켈러와 제이 파파산은 『원씽』에서 "두 마리 토끼를 쫓으면 두 마리 다 잡지 못하고 말 것이다"라고 했다. 이들은 멀티태스킹의 허상을 꼬집으며, 훌륭한 성공은 동시다발적으로가 아니라 순차적으로 일어난다고 강조했다. 한마디로, 이것저것 모두 챙기려 들면 결국 아무것도 해내지 못한다. 디즈니의 앨런 혼 회장이 구사하는 투자 전략이 삶에도 적용된다는 뜻이기도 하다.

이는 앞서 언급한 파레토의 법칙과도 일맥상통하는 면이 있다. 인간은 두 가지 일을 동시에 할 수는 있지만, 동시에 100% 집중할 수는 없다. 그러니 가슴 뛰는 단 하나의 목표를 찾아 집중하고 맹렬하게 파고들어야 한다.

그렇다면 단 하나의 목표를 어떻게 찾을까? 그리고 그것이 나에게 성공을 안겨주는 단 하나라고 어떻게 확신할까? 사실 이 질문에 정답은 없다. 그러나 판단의 기준은 분명하다. 그 목표가 자신의 가슴을 얼마나 설레게 하는가(열정), 그리고 그 목표를 완수하는 데 얼마나 자신이 있는가(능력) 하는 2가지 질문이다.

목적은 긴 여정에서 방향을 잃지 않도록 일러주는 나침반과 같다. 그러나 이것만으로는 부족하다. 목적으로 향하는 과정에서 난관에 부딪쳐 의욕을 상실할 수도 있고, 이다음에 뭘 해야 할지 모를 수도 있다. 그래서 목표가 필요하다. 목표는 목적을 향해 제대로 가고 있는지 중간중간 확인할 수 있는 지표인 동시에, 성취해야 할 대상이며, 열정을 유지하게 해주는 에너지원이다.

명심해야 할 것은 가장 중요한 단 한 가지 목표를 찾아야 한다는 점이다. 세상은 넓고 하고 싶은 일은 많다. 호기심을 일으키고 마음을 흔들어놓는 갖가지 유혹이 여기저기에서 손을 뻗친다. 도박이나 술처럼 몸과 마음을 망치는 것도 있고, 정신을 산만하게 만드는 자질구레한 일도 주변에 널려 있다. 그래서 유혹을 이겨내고 목적을 달성하는 데 결정적인 역할을 하는 중요한 목표를 찾아야 한다. 한마디로 버리고, 선택하고, 집중해야 한다.

아쉽게도 이런 일을 찾아내지 못한 채 사소한 일에만 에너지를 쏟다가 생을 마감하는 사람도 많다. 이런 사람들은 그런 일을 하면서도 열정을 발휘하려 하지만, 열정은 머리로 만들어지는 것이 아니다. 그러니 머리로 생각한 만큼 가슴이 뜨거워지지도 않고, 성과가 드러나지도 않는다.

　누구에게나 가슴 뛰는 일은 있다. 그 일이 무엇인지는 사람마다 다르다. 새로운 스마트폰이나 자동차 개발과 같은 도전적인 프로젝트를 수행하는 일일 수도 있고, 국민의 삶에 영향을 미치는 공공정책을 수립하는 것일 수도 있다. 오지 탐험가처럼 숨겨진 세상을 경험하고 알리거나, 아이들을 가르치거나, 멋진 옷을 디자인하는 일일 수도 있다. 아름다운 음악을 만들거나 악기를 연주하는 일, 그림을 그리거나 조각하는 일, 맛있는 음식을 만드는 일, 튼튼하고 멋진 집을 짓는 일, 학자나 교수처럼 세상을 이해하기 위한 진리를 탐구하는 일, 사람의 마음을 헤아리는 일, 아무 대가 없이 다른 사람을 돕는 일도 될 수 있다. 어쨌든 누구에게나 가슴 뛰게 하는 일은 반드시 있다. 그러니 당신만을 위한, 가슴 뛰는 목표를 찾아라.

인생을 변화시키는 스마트한 질문

에너지의 집중도 알아보기

우리에게 주어진 자원은 유한하다. 자본은 물론이거니와 시간은 늘 부족하다. 열정도 언제나 한결같지는 않다. 자신에게 주어진 에너지가 얼마나 집중적으로 사용되는지 따져보고 정말 중요한 일에 에너지를 쏟아 붓자.

스테이크 평가하기 기법

자신이 수행하는 여러 가지 일들을 에너지 점유율과 목표 달성 기여율을 기준으로 아래의 그래프에 표시해보자.

- **스테이크** 만찬에서 스테이크를 먹는 것이 메인이듯이, 이 영역에 속하는 일은 에너지 점유율이 높은 만큼 목표를 달성하는 데 기여하는 바도 크다. 지금처럼 지속해도 좋다. 투자한 만큼 기대를 저버리지 않을 것이다.

- **와인** 스테이크와 함께 마시는 와인은 분위기를 더욱 좋게 만들듯이, 이 영역에 속하는 일은 낮은 에너지 점유율에도 불구하고 목표 달성에 기여하는 바가 크다. 시간이나 노력을 덜 들이면서도 목표를 달성하는 데 도움이 된다면 적절히 관리하는 것이 좋다. 그러나 이로 인해 스테이크 영역의 일에 소홀해져서는 안 된다.
- **수프** 식사 전 수프는 입맛을 돋워주지만, 만찬 전체에 큰 영향을 미치지는 못한다. 이 영역에 속하는 일은 에너지 점유율도 낮고 목표 달성에 기여하는 바도 작다. 적절히 관리하되 최대한 줄이는 편이 좋다.
- **삶은 감자** 스테이크와 같이 나오는 삶은 감자는 특별히 맛도 없으면서 괜히 배만 불러서 스테이크의 맛을 가리는 경우가 있다. 이처럼 이 영역에 속하는 일은 에너지만 소비하면서 목표 달성에는 기여하지 못한다. 이런 일은 하루 빨리 다이어리에서 지워버려야 한다.

조건을 바꿔 생각해보라

분명한 목적을 가지고 계획한 대로 목표를 이루며 사는 사람들도 예상하지 못한 난관에 부딪히면 휘청거리곤 한다. 예고도 없이 들이닥친 위기 앞에 찬란했던 인생은 물론이고 자신의 존재 의미마저 흔들린다. 자신의 의지와는 무관하게 상황이 지금보다 나빠질 수도 있다는 두려움은 마음을 약하게 만든다. 앞으로 어떻게 될지 모른다는 막막함으로 인한 불안감과 두려움을 이기는 것은 결코 만만한 일이 아니다. 그렇지만 해법은 있게 마련이다.

1984년, 인텔은 주력 제품인 메모리 사업 부문에 경쟁하는 공급자가 늘어나면서 실적이 급격히 줄어들었다. 그 결과, 회사의 경영도 어려워졌다. 일본 기업들의 저가 공세에 메모리 가격이 3개월 동안 무려 40%나 폭락했기 때문이다. 어떻게든 방법을 찾아야 했다. 그러나 인텔의 초창기에 메모리칩을 직접 개발했던 경영진들은 메모리 사업에 남다른 애정을 가지고 있었기 때문에 냉정하게 판단을 내리기가 어려웠다.

막대한 손해를 보고 있던 어느 날, 창업 공신이자 훗날 인텔의 전성기를 이끈 앤드류 그로브는 회장인 고든 무어를 찾아가 이렇게 물었다. "만약 우리가 나가고 새로운 경영진들이 오면 그들은 어떻게 할까요?" 그러자 고든 무어는 "우리의 흔적을 지우고 모든 것을 바꾸지 않을까?"라고 답했다. 앤드류 그로브는 맞장구치며 "그래요, 그렇다면 우리가 한번 그렇게 해보지요"라고 말했다.

인텔은 곧바로 메모리 사업에서 손을 떼고 CPU라고 불리는 마이크로프로세서 사업에 회사의 역량을 쏟아 부었다. 결과적으로 2013년 기준 인텔의 반도체 시장점유율은 14.8%로 업계 1위를 차지했다. 마이크로프로세서와 같은 시스템 반도체 시장에서는 무려 20.1%의 점유율로 부동의 1위를 지키고 있다. 주목할 점은 현재 반도체 시장에서 시스템 반도체 시장의 비율이 80%를 차지하고 있는 반면, 인텔이 발을 뺐던 메모리 반도체 시장의 규모는 20%에 불과하다는 것이다.

이렇듯 존폐 기로에 서 있던 인텔이 상황을 타개하기 위해 찾아낸 해답은 썩어버린 팔다리를 잘라내는 것이었다. 그러나 이는 30년 뒤 인텔을 업계 최정상의 위치에 올려놓는 '신의 한 수'가 되었다.

1년이나 고민에 휩싸였던 경영진에게 해결책을 안겨준 것은 "만약에"라는 질문이었다. 이 질문은 여러 가지 조건을 바꾸어봄으로써 보이지 않던 답을 찾아준다. 앤드류 그로브와 고든 무어가 새로운 경영진의 입장에 서서 회사의 혁신을 이끌어낸 것처럼, 자신의 지위, 입장, 나이, 성별, 상황 등을 전혀 다른 조건으로 바꾸어보면, 복잡했던 문제가 의외로 간단하게 풀릴 수도 있다.

경력이나 진로에 대한 고민 때문에 다른 일에 집중하지 못한다면 다음의 질문이 도움이 될 것이다. 이 질문은 가능한 방안을 찾게 해준다. 이렇게 찾은 새로운 목표는 현재의 상황을 극복하는 출발점이 된다. 때에 따라서는 완전한 해결책이 될 수도 있다.

- 내일 면접을 본다면 나의 장점을 어떻게 설명할까?
- 10년이 지난 뒤에도 지금 하고 싶어 하는 일을 원할까?
- 과거로 돌아가 단 한 가지 능력을 개발할 수 있다면 무엇을 할까?
- 내가 선발 담당자라면 나의 어떤 점 때문에 선발을 주저할까? 또는 어떤 점 때문에 확정지을까?
- 나에게 3개월의 시간이 주어진다면 장점을 살리기 위해 무엇을 할 수 있을까?
- 나와 똑같은 능력과 성품을 지닌 지원자가 있다면 그의 어떤 점이 가장 마음에 들까?

이런 질문은 여러 가지 관점에서 문제를 바라보게 하고, 다양한 가능성을 고민하고 탐색하게 한다. 모든 요소를 바꾸어보라. 무엇을 해야 할지 모를 때, 목표가 없을 때 지금 필요한 것은 무엇인지 탐색해보자. 당장 실행할 수 있는 방법일 수도, 도전적인 과제일 수도 있다. 어쨌든 새로운 아이디어가 떠오르리라는 사실이 중요하다.

현실적 가정과 혁신적 가정

당연하게 생각하는 것에 의문을 품으면 예상하지 못했던 발견을 할 수 있다. 전제는 자신이 놓여 있는 상황을 구성하는 기본 조건이다. 전제를 뒤흔드는 가정이야말로 위대한 발견을 촉진하는 최고의 방법이다.

앞에서 조건을 바꿔 생각해보라고 했는데, 이는 자신이 처한 상황을 기준으로 두 종류로 나누어 생각할 수 있다.

현실적 가정	• 오늘 병원에 가지 않았다면? • 아침에 버스를 타지 않았다면? • (내가 아닌) 다른 누군가가 할 수 있다면 누가 할 수 있을까? • 마감이 (오늘이 아니고) 내일이라면 무엇을 다시 검토할 것인가?
혁신적 가정	• 처음부터 이 일을 시작하지 않았다면? • 10년 전에 이 기술을 배웠다면 어떻게 되었을까? • 직장에서 날 쫓아낸다면? 직장에서 나와 무엇을 할 수 있을까? • 30년 전 첫 부임지로 이라크를 선택했다면 어떻게 되었을까?

현실적 가정은 비교적 최근에 결정된 일을 가정해보는 것이다. 일을 수행하는 주체나 마감일 등을 바꾸어보거나, 최근에 내린 결정을 번복하면 어떻게 될지 상상해보는 식이다.

반면에 혁신적 가정은 전제 자체를 뒤흔드는 질문이다. 지금의 상황이 만들어진 토대, 즉 대전제를 무시하고 완전히 다른 시각에서 바라보는 것이다.

인생에서 선택할 수 있는 선택지는 점차 줄어든다. 나이를 먹을수록 현실의 냉혹함에 상처받고는 꿈을 접거나 잃거나 잊어버린다. 그래서 어떤 결정을 내릴 때 고를 수 있는 선택지의 수가 줄어들었다면 나이가 든 것이라고 볼 수 있다.

그러나 전혀 다른 입장에 서면 새로운 선택지가 다시금 눈에 띈다. 새로운 가능성은 우물 밖 세상과 유리벽 너머로 나가고 싶게 만든다.

【질문】만약 이 기술을 10년 전에 배웠다면 어떻게 되었을까?
→ 10년 동안 성장해서 지금쯤이면 전문가가 되었겠지.

【질문】만약 10년 후에 이 질문을 듣게 된다면 어떤 답을 할까?
→ 똑같은 답을 하겠지. 그러니 지금이라도 10년을 투자하지 못할 이유가 없어.

【질문】만약 내일 직장에서 쫓겨나면 무엇을 할까?
→ 다시 직장을 구하겠지. 아르바이트라도 알아보거나.

【질문】만약 그 직장에서도 그만두어야 한다면 무엇을 할까?
→ 그러고 보니 이 직장이 아니면 내가 할 수 있는 일이 없구나. 누구나 피하고 싶어 하지만 성격의 장점을 살릴 수 있는 고객 불만 서비스팀으로 옮기자. 그곳에서 성과를 내보는 거야.
→ 그러고 보니 이 직장이 아니면 내가 할 수 있는 일이 없구나. 언제든 다시 취업할 수 있도록 전공을 살려야겠다.

어려움에 봉착했을 때 문제를 해결하는 방법도 이런 질문으로 찾을 수 있다. 지금까지 해결하지 못한 문제는 지금까지 해왔던 방식으로는 해결할 수 없기 때문이다.

또한 이 질문은 자신을 돌아보게 해준다. 자기계발이나 성공학을 강의하는 사람들은 "내일 내가 죽는다면?"이라는 질문을 스스로에게 던져보라고 한다. 그러면 그동안 놓치고 있던 것들을 돌아보게 된다. 그러니 전혀 다른 관점에서 상황을 바라보고 질문을 던져보자.

두려움의 실체를 파헤쳐라

인간이 척박한 환경에서도 살아남을 수 있었던 것은 적응력 덕분이다. 그러나 적응력은 인간을 나태하게 만들기도 한다. 어떤 일에든 적응하고 익숙해지면 변화가 싫고, 다시금 새로운 상황에 적응하는 과정을 반복해야 하는 것이 귀찮아진다. 때로는 두려워지기도 한다. 변화에는 많은 에너지가 필요하고 고통이 따르기 때문이다.

그러나 뱀은 고통스럽더라도 허물을 벗어야 더 크게 성장할 수 있고, 나비는 번데기의 껍질을 찢고 나와야 하늘을 날 수 있다. 사람도 성장하기 위해서는 이러한 과정을 거쳐야 한다.

누구나 어릴 적에 관절이 뻐근해서 밤잠을 설친 기억이 있을 것이다. 이를 성장통이라 한다. 성장통을 거쳐야 키가 자란다. 새삼 우리도 자연의 일부에 불과하다는 사실과 성장에는 고통이 따른다는 진리를 깨닫게 된다.

대부분의 사람들은 태어나서 처음으로 "No"라는 대답을 들었을 때 견디기 힘든 실패를 맛본다. 사랑, 대학 진학, 취업에 실패하고 나서야 세상이 생각만큼 쉽지 않다는 것을 절감한다. 그러나 성공에 대한 자신의 의지와 열정을 다시 확인하고 마음을 가다듬으면 결국에는 성공하게 된다. 실패는 성장통에 지나지 않기 때문이다.

변화에는 새로움에 대한 설렘과 함께 미지에 대한 두려움이 공존한다. 이런 양면성 때문에 어떤 사람은 적당한 선에서 변화를 멈추고, 또 어떤 사람은 볼 때마다 새로운 모습으로 변한다.

그런 차이는 바로 변화를 두려워하지 않는 용기에서 비롯된다. 실패를 성장통으로 생각하는 유연성이 있다면 용기가 생긴다. 성장에는 반드시 통증이 따른다는 사실을 인정한다면 두려움의 크기는 줄어들 것이다. 영어로는 마땅한 표현을 찾을 수 없는 '성장통'이라는 말에는 변화를 두려워하지 말라는 우리 선조들의 깊은 지혜가 담겨져 있는지도 모른다.

또한 변화는 불편함을 수반한다. 그러나 불편함을 극복하면 더 나은 방법을 발견하게 된다. 이는 새로운 경험이 되고, 의식을 폭발적으로 확장시켜준다. 문제를 해결할 수 있는 대안을 찾고도 선뜻 시도해볼 용기가 나지 않는다면 "왜 안 돼?"라고 질문해보자. 그리고 무엇이 두려운지 하나하나 써보자. 기발하고 과감한 아이디어를 '의도된 우연'이나 '계산된 모험'으로 발전시키려면 충실하고 솔직하게 답해야 한다.

그렇다면 새로운 목표를 찾게 되어 고민하고 있는 한 회사원의 입장에서 질문을 던져보자.

> 하루 종일 문서만 쳐다보고 있는 지금의 업무는 성격이나 적성에도 맞지 않고 답답하다. 요즘은 일할 맛도 안 난다. 적성에 맞는 다른 업무를 하고 싶다. 모두가 기피하지만 내 성격에 맞고 대학 전공도 살릴 수 있는 고객 불만 해소 업무를 해보고 싶다. 이를 위해서는 부서를 옮겨야 하는데, 먼저 상사인 강 부장과 상담해야 한다. 강 부장은 정기 인사이동 시기가 아닐 때 부서원이 이동하는 것을 매우 싫어한다.

【질문】 무엇을 두려워하는가?

→ 나를 버릇없다고 할 것 같다.
→ 내 말을 안 들어줄 것 같다.
→ 오히려 일을 더 많이 시킬 것 같다.
→ 실적 평가에서 최하 점수를 줄 것 같다.
→ 대화하다가 말을 얼버무리게 될 것 같다.
→ 시키는 일이나 잘하라며 면박을 줄 것 같다.
→ 오히려 완수하지 못한 업무로 질책받을 것 같다.

이때 두려워하는 것을 매우 구체적으로 쓴다. "대화를 하면 관계가 더 악화될 것 같아서 두렵다"는 식의 답변은 추상적이다. 관계가 악화된다는 말은 어떤 뜻인가? 일을 더 시킨다는 것인가? 평가를 나쁘게 한다는 말인가? 아니면 앞으로 대화를 할 수 없게 된다는 뜻일까? 이런 사항까지 최대한 구체적으로 기술한다.

그다음에는 구체적으로 기술한 두려움을 통제할 수 있는 것과 통제할 수 없는 것으로 구분한다. 물론 그 기준은 사람마다 달라질 수 있다.

통제 가능	통제 불가능
• 대화하다가 말을 얼버무리게 될 것 같다. • 완수하지 못한 업무로 질책받을 것 같다.	• 나를 버릇없다고 할 것 같다. • 내 말을 안 들어줄 것 같다. • 오히려 일을 더 많이 시킬 것 같다. • 시키는 일이나 잘하라며 면박을 줄 것 같다. • 실적 평가에서 최하 점수를 줄 것 같다.

두려움을 통제할 수 있는 것과 없는 것으로 구분하고 나면, 두려움의 실체를 알 수 있다. 통제 가능한 두려움은 실행하기 전에 준비하면 극복할 수 있다. 말을 얼버무리지 않으려면 무슨 말을 할지 생각해서 정리하면 되고, 완수하지 못한 일로 질책받을 것이 두렵다면 그 일을 다 끝내면 된다.

그러나 통제 불가능한 두려움은 어디까지나 추측에 지나지 않는다. 게다가 안다고 한들 어떻게 할 수도 없다. 우려가 현실이 되기도 하지만, 고민은 대부분 기우인 경우가 많다. 상사가 의외로 이야기를 잘 들어줄 수도 있고, 업무량이 오히려 줄어들 수도 있다.

통제할 수 없는 두려움 중에도 어느 정도 대비할 수 있는 부분이 있다. 이를테면, 버릇없게 보이지 않으면서도 이야기를 잘 들어주도록 대화를 이끄는 법을 연습한다면 두려움은 더욱 줄어들 것이다.

자신을 몰아붙여라

통제 불가능한 두려움은 어떻게 극복해야 할까? 이때는 극단적인 흑백논리를 적용해본다. 즉, 2가지 결과 중에 어느 것을 더 받아들이기 어려운지 질문하는 것이다. 행복하지 않은 일을 계속할 것인지, 아니면 두려워하는 일이 현실로 나타나더라도 상사에게 말할 것인지 말이다.

1994년, 브라질 커피 원두의 가격이 폭등해서 국제 원두 가격이 급상승하던 시점에 스타벅스의 하워드 슐츠 회장은 커피 원두를 구매해야 하는지, 아니면 가격이 떨어지길 기다려야 하는지 고민하고 있었다. 그러자 한 임원이 그에게 질문했다. "어느 쪽의 위험이 더 받아들이기 어려운가요?"

가격이 떨어지기를 기다렸지만 오히려 가격이 올라서 더 비싼 가격에 원두를 구매하게 될 위험과 지금 구입했는데 가격이 떨어져서 후회하게 될 위험 중에 어느 것이 더 받아들이기 어려운지 물어본 것이다. 하워드 슐츠는 원두를 구매하기로 선택했다. 나중에 커피 원두의 가격은 떨어졌지만, 하워드 슐츠는 그 임원을 질책하지 않았다.

앞에서 말한 직장 상사와 대화해야 할지 고민하는 회사원에게 예상되는 위험은 2가지다. 첫 번째는 아무런 행동을 하지 않아서 현재의 문제가 지속될 위험이다. 두 번째는 대화한 이후 상황이 더 나빠지는 것이다.

첫 번째를 선택한다면, 즉 두 번째 위험을 받아들이기가 더 어렵다면 아무것도 하지 않으면 된다. 아무것도 하지 않는 것도 선택이다. 그러나 두 번째를 선택한다면 지금의 상황을 도저히 견딜 수 **없다**거나 두 번째 위험이 현실로 나타날 가능성이 낮다고 판단한 것이다.

위험 1	위험 2
• 일에 의욕이 생기지 않는다. • 이직을 생각할 만큼 답답하다.	• 일을 더 많이 시킬 것 같다. • 나를 버릇없다고 생각할 것이다. • 실적 평가에서 최하 점수를 줄 것 같다. • 나에 대한 평가가 나빠질 것이다.

이런 질문은 직장을 바꾸거나 중요한 거래처와 거래를 끊는 등 중대한 결정을 내릴 때 도움이 된다. 지금은 잘나가는 변호사가 된 한 후배가 이직을 결심했을 때 고민했던 2가지 선택지는 아래와 같았다.

위험 1	위험 2
• 일에서 의미를 찾을 수 없다. • 나날이 불평만 늘고 있다. • 훗날 오늘의 내 자신이 떳떳하지 않을 것 같다.	• 아내의 반대가 심하다. • 부모님의 걱정이 커질 것이다. • 당분간 경제적으로 매우 힘들 것이다. • 예상했던 모습과 다를 수도 있다. • 원하는 꿈을 이루지 못할 수도 있다. • 현재 진행 중인 프로젝트가 제대로 마무리되지 않을 수도 있다.

이렇게 2가지 선택지 중 하나만 선택하도록 스스로를 궁지로 내모는 것도 판단을 내리는 데 도움이 된다. 막연한 두려움 때문에 아무것도 하지 않는 것보다는 무엇이든 선택하는 편이 낫다. 그러면 자신의 결정에 책임감을 느끼고 어떻게든 상황을 개선하려고 노력하게 된다.

틀린 답은 기록하라

학창 시절에 시험을 보고 나면 오답노트를 작성하곤 했다. 왜 틀렸는지, 무엇이 어디에서 잘못되었는지 찾을 수 있기 때문이다. 오답노트를 꼼꼼히 작성하다 보면 아무리 쉬운 문제라도 가볍게 대하지 않는 습관을 갖게 된다. 그러면 실수가 줄어들어서 오답노트에 기록하는 문제 수도 점점 줄어든다.

어른이 되어 시험을 보지는 않지만, 우리 앞에는 많은 문제가 놓여 있다. 모든 일이 판단과 선택, 결정에 따라 문제를 해결하는 과정이다. 중요도의 차이는 있어도 문제가 아닌 일은 없다. 상황에 따라 똑같아 보이는 문제도 달라지고, 여러 가지 문제들이 복잡하게 연결되어 있어서 정답이 정해져 있지도 않다.

이런 상황을 극복하기 힘들다면 질문의 오답노트를 작성해보라. 오답노트를 작성하듯, 잘못된 질문을 노트에 기록하고 곰곰이 살펴보도록 한다. 작성하는 방법은 따로 없다.

필자는 작은 수첩에 잡다한 것들을 수시로 적어 넣는데, 하루를 마무리하면서 다시 읽어본다. 이때 질문을 꼼꼼히 살펴본다. 그리고 부적절했거나 의미 없는 질문이 기록되어 있으면 좀 더 고민해서 괜찮은 질문으로 바꾸어 적는다.

예를 들어보자. 직장생활에서 절대 해서는 안 되는 질문이 있다면 아무 대책이나 고민 없이 결정권자에게 "어떻게 할까요?"라고 묻는 것이다. 이런 질문을 오답노트에 기록한다. 그리고 어떻게 바꾸어야 할지 고민한다.

가장 좋은 방법은 2~3개의 방안을 마련해서 그중 가장 자신 있는 방안을 승인해달라고 하는 것이다. "2가지 방안이 있습니다만, A안으로 승인해주시겠습니까? 반드시 문제를 해결하겠습니다"라고 말이다.

의미 없는 질문으로는, 실패한 후에 던지는 "나는 왜 안 될까?"라는 것이 있다. 이 질문은 아무런 해결책도 되지 않을 뿐만 아니라 스스로를 감옥에 가두는 셈이다. "이번에는 무엇이 문제였을까? 정말 내가 고민하고 해결해야 할 문제일까? 놓친 것은 없을까?"와 같이 긍정적인 질문으로 바꾸면 문제는 이미 해결되기 시작한 셈이나 마찬가지다.

노트를 작성하면서 적절한 질문을 찾다 보면 업무 요령이나 방법도 터득하게 된다. 게다가 가치 있고 힘 있는 질문을 골라 자신만의 질문 리스트를 만들면 놀라운 변화를 경험하게 될 것이다.

인생을 변화시키는 스마트한 질문

단 하나의 목표 찾기

올 한해 꼭 이루고 싶은 가슴 뛰는 목표 10가지를 아래에 써보자. 필요하다면 아래의 내용을 참고해도 좋다.

> ☐ 10kg 체중 감량하기
> ☐ 저녁 식사 시간에 TV 보지 않기
> ☐ 아이들과 매일 1시간 이야기하기
> ☐ 주말에 도서관에서 2시간 책 읽기
> ☐ 잠자리에 들기 전에 하루를 정리하는 명상의 시간 갖기

1. _____
2. _____
3. _____
4. _____
5. _____
6. _____
7. _____
8. _____
9. _____
10. _____

위의 목표 중에 아래의 질문에 부합하는 5개만 골라서 다시 써보자.

☐ 목표를 이룬 자신의 모습을 상상하면 가슴이 뛰는가?
☐ 나 이외의 사람에게도 긍정적인 영향을 미치는가?
☐ 목표를 성취하는 과정이 설레고 기다려지는가?
☐ 지금 나의 상황에서 실현 가능한가?
☐ 목표를 이루려는 목적은 분명한가?

1. _____
2. _____
3. _____
4. _____
5. _____

위의 목표 중에 아래의 질문에 부합하는 1개만 골라서 다시 써보자.

☐ 어떤 목표가 가장 설레는가?
☐ 목표를 구체적으로 기술할 수 있는가?

올 한 해 당신이 꼭 이루어야 할 목표를 찾았다. 내년에도 리스트에 이 목표를 올려놓지 않으려면 올해가 가기 전에 도전하고 성취하자.

질문 본능은 어떻게 유지하는가?

성취를 성공으로 착각하지 마라

불법 도박으로 수억 원을 탕진한 유명 연예인이나 뇌물 수수 혹은 인사 청탁 혐의로 입건되는 사회 지도층 인사에 대한 뉴스를 심심치 않게 접하곤 한다. 최근에는 라면 상무나 땅콩 리턴과 같은 신조어를 생산하며 슈퍼갑의 위치에 있던 권력자들이 하루아침에 몰락한 사건도 있었다.

　이런 일이 일어나는 것은 대중의 사랑, 경제적 풍요, 지위나 권력과 같은 성취 혹은 성과를 성공이라고 착각했기 때문이다. 이렇게 착각하는 순간, 목표를 성취하려 한 이유이자 원동력이던 목적이 흔적도 없이 사라지고 그 자리에 탐욕이 자라난다. 목적이라는 방향을 잃은 삶은 걷잡을 수 없이 흔들리게 될 것이다.

　한 번의 성취에 도취된 사람들은 다음의 목표를 망각한다. 용기는 자만으로 변하고, 교만과 거만으로 변질된다. 그런데 한 번의 성취로 인해 자신이 변했다는 사실을 정작 본인만 모른다.

"왜?"라는 질문을 던질 때는 지금 고민하는 문제가 목표인지, 아니면 인생의 궁극적인 목적인지 분명히 알고 있어야 한다. 흔히 목표와 목적을 구별하지 못하기 때문에, 작은 성과에도 이내 길을 잃고 헤매는 것이다.

역사적으로 위대한 인물들은 큰 성과를 이루고도 또 다른 목표를 세우고 노력했다. 그들은 결코 한 번의 성과에 자만하지 않았다. 그것이 큰 그림을 그리기 위한 한 번의 붓놀림에 불과하다는 사실을 알고 있었기 때문이다.

경영학의 창시자 피터 드러커는 90세가 넘는 나이에도 강의를 하고 집필했다. 20세기 최고의 피아니스트인 빌헬름 바크하우스, 세계 3대 테너 중 하나인 루치아노 파바로티와 같은 예술가들은 죽기 전까지 건반을 두드리거나 발성 연습을 했다. 이들에게 성공이란 성취하고 노력하는 과정을 죽을 때까지 즐겁게 반복하는 것이었다.

목적과 목표를 구분하라

캐나다에는 암 연구 기금을 모으기 위한 '테리 폭스 런(Terry Fox Run)' 대회가 있다. 1981년에 시작된 이래, 매년 60개국 이상에서 수백만 명이 참가하고 5억 캐나다달러(4,700억 원) 이상의 연구 기금을 조성하는 큰 규모의 대회로 성장했다.

이 대회는 장거리 육상선수이자 농구선수였던 테리 폭스라는 한 청년의 마라톤에서 시작되었다. 그는 20살이 되던 해에 골육종으로 오른쪽 다리를 잃었다. 그리고 자신과 같은 처지의 사람들을 위해 암 연구 기금을 모금하는 자선 마라톤을 하기로 결심했다. 그 후 캐나다 대륙을 횡단하는 것을 목표로 18개월간 5,000킬로미터를 달리며 훈련에 매진했다.

1980년 4월 12일, 세인트존스를 출발한 그는 매일 40여 킬로미터를 뛰었다. 그의 진심과 열정, 의지는 전국으로 확산되었고, 수많은 유명 인사들이 그의 모금 운동에 동참했다. 결국 암이 폐까지 전이되어 9개월 뒤 눈을 감았지만, 그가 보여준 불굴의 정신은 여전히 살아남아서 수많은 사람들이 지금도 그의 레이스를 이어가고 있다.

그가 매일의 완주에 만족했거나 유명 인사의 동참을 끝으로 달리기를 멈췄다면, 30년이 지난 지금까지 대회가 이어지지는 않았을 것이다. 그는 결코 성취를 성공으로 착각하지 않았다. 암 환자를 고통에서 구하겠다는 목적과 이를 위해 기금을 조성해야 한다는 목표가 분명하고 확고했기에 매일같이 수십 킬로미터를 달릴 수 있었던 것이다.

추구하는 일이 목적인지, 목표인지 구별하기 어렵다면 질문을 던져라. 몇 번이고 "왜?"라고 물었을 때 또 다른 이유를 찾을 수 있다면 그것은 목적이 아니라 목표일 뿐이다.

예를 들어, 빈곤 국가의 어린이들에게 희망을 주고 싶다는 것이 인생의 목적인 사람은 이를 위한 첫 번째 목표로 영어 능력 향상을 설정할 수 있다.

Why	목표 또는 목적
• 요즘 어떤 목표를 가지고 있는가? • 왜 영어를 공부하는가? • 왜 국제기구에 취업하려고 하는가? • 왜 그 일을 하려고 하는가?	• 영어회화 능력을 쌓고 있다. (목표) • 국제기구에 취업하려고. (목표) • 빈곤 국가의 아이들을 도와주고 싶어서. (목적) • 그것이 살아가는 이유이니까. (목적)

빈곤 국가의 어린이들에게 희망을 주겠다는 거대한 목적을 세우는 경우는 많지 않다. 대부분의 사람들은 국제기구에 취업하는 일 자체를 목적으로 설정하곤 한다. 그래서 왜 취업하려는지 진정한 이유를 모른 채 예상되는 면접관의 질문을 연구하고 모범답안을 준비한다.

그러나 정작 국제기구에 취업이 된다고 해도 그 이후의 삶은 전혀 다르게 흘러가는 경우가 많다. 그래서 목적이 분명하지 않으면 국제기구에 취업하겠다는 목표를 성취하고도 견디기 힘든 제3세계에 파견되거나 희망하지 않았던 부서에 배정되었을 때 중도에 퇴사할 수도 있다.

이렇듯, 인생의 목적을 분명하게 설정하지 않으면 언제나 중구난방으로 목표만 쫓다가 인생을 마감하게 될 수도 있다. 그래서 50살에도 승진하기 위해 영어 학원을 다니지만, 회사에서는 물론이고 퇴직하고 나서도 영어 한 마디 쓰지 않는 경우가 허다한 것이다.

물론 누구나 계획대로 살게 되지는 않는다. 나이를 먹고 경험이 많아지면 생각이 바뀐다. 게다가 삶에는 언제나 변수가 있기에 인생의 목적도 바뀔 수 있다.

그렇다고 해도 목적과 목표는 분명히 구별해야 한다. 그렇지 않으면 착각의 늪에 빠져 삶이 어떻게 전개될지 예측할 수 없기 때문이다. 훗날 목적이 바뀌더라도 이는 자신을 이끌어주는 기준점이 되어야 하며, 그에 맞춰 목표를 설정하고 이를 성취해나가면 된다. 목적을 위해 성취해야 할 목표는 정해진 것이 없기 때문이다.

반대를 감수하라

인터넷쇼핑이 발달한 요즘에는 택배 없는 삶은 상상할 수도 없다. 택배는 사람들의 삶을 아주 편리하고 풍요롭게 해주었다. 택배 덕에 국내를 넘어 해외에서 직접 물건을 사는 것도 편해졌다.

원래 택배는 일본 최대의 유통 회사인 야마토 운수에서 개발한 운송 서비스의 이름이었다. 1975년에는 국철 소화물이나 우체국 소포 서비스는 있었지만 택배라는 개념이 없었다. 이때 야마토 운수의 사장인 오구라 마사오는 사소한 고민에 빠졌다. 아들이 입던 옷을 친척에게 보내주고 싶은데, 명색이 운송회사 사장이면서도 물건을 보낼 만한 마땅한 방법이 없었기 때문이다. 그때 이런 질문이 떠올랐다. "만약 여러 물건을 묶어서 목적지로 배송한 후 일괄로 처리하면 일반 가정에서도 쉽게 이용할 수 있지 않을까?"

지역별로 물건을 모은 뒤 목적지별로 운송하고 이를 다시 분류하여 고객의 집까지 배달해보자는 생각이었다. 지금에야 지극히 당연한 생각이지만, 당시로서는 획기적인 아이디어였다.

예전에 없던 것이고 적자를 볼 것이 분명한 사업을 밀어줄 사람은 없었다. 그렇지만 그는 완강하게 반대하는 임원들을 끈질기게 설득했고, 결국 1976년에 택배 서비스를 세상에 내놓았다. 누구도 하지 않은 상상, 누구나 반대했던 아이디어가 오늘날 우리의 삶을 풍요롭게 만든 것이다.

이직이든, 창업이든, 새로운 취미든 간에, 새로운 시도는 변화를 동반한다. 사소한 시도라도 현재를 뒤엎는 큰 도전이 될 수 있다. 게다가 변화의 정도가 클수록 찬성보다는 반대, 격려보다는 우려, 호감보다는 악감과 대면해야 한다.

이때 인생을 놓고 고민하는 문제라면 주변 사람들이 인생을 대신 살아주지 않는다는 사실을 명심하자. 가족도 내 삶의 주인공은 아니다. 따라서 내가 가져올 변화가 때로는 사랑하는 가족을 힘들게 하더라도 그 상황을 이겨내야 한다.

그렇다고 주변인들의 의견을 무시한 채 무작정 자신의 목표만 추구하라는 말은 아니다. 주변의 사람들 모두가 내 생각에 찬성하리라는 기대를 버리고 이들을 설득해야 한다는 뜻이다.

그런데 반대 의견이 늘어나면 목표에 대한 확신이 흔들리고 살던

대로 살고 싶어진다. 이때 생각을 굽히고 새롭게 시도하지 않으면 결국 변화하지 못한다. 그러므로 새로운 목표에 대한 반대 의견을 인정하는 것이 도전의 시작이다. 이는 목표에 대한 확신과 진정성으로 설득해야 하는 또 다른 과제에 지나지 않는다.

불가능을 생각하는 순간 실패는 시작된다

필자는 2011년부터 300명에 달하는 외국 장교들을 만나서 군사외교관의 역할을 수행해왔다. 그런데 유럽, 아시아, 남아메리카 등 세계 각국에서 온 이들 중 한국의 역사를 조금이라도 아는 사람은 불과 60년 만에 어떻게 폐허에서 지금의 발전을 이루었느냐며 놀라워한다.

한 번은 필리핀에서 온 대령과 이야기를 나눈 적이 있다. 필리핀은 1970년대까지는 일본 다음으로 부강한 나라였다. 그렇지만 지금은 GDP 규모가 세계 39위 정도인 데다, 수많은 범죄와 내란의 위협에 시달리고 있다.

대령은 한국만큼 필리핀도 성장할 수 있을지 의문이라며, 어떻게 한국이 이렇게나 발전할 수 있었는지 물었다. 그래서 필자는 우리의 부모님 세대가 자식들에게 더 나은 나라를 물려줘야겠다는 의지가 매우 강했고, 반드시 나아질 것이라 확신했기에 오늘날의 발전이 가능했다고 답했다.

어려움을 겪을 때 "과연 잘될까?" 하고 의심을 품는 것과 "반드시 잘될 거야"라고 확신하는 것은 전혀 다른 결과를 만들어낸다. 그러니 난관은 문제일 뿐이라 생각하고, 해결책을 찾아야 한다.

인생에서 경험할 수 있는 쾌감 중 하나가 모든 사람들이 불가능하다고 반대한 일을 해냈을 때 맛보는 성취감이 아닐까 싶다. 이는 일상에서 얻는 소소한 만족이나 즐거움, 평범한 성공에서 느끼는 우월감과는 비교할 수 없다.

영국의 시인이자 작가인 존 밀턴은 셰익스피어에 버금가는 명성을 가진 위대한 예술가다. 66세에 세상을 떠난 그는 불행히도 42세의 젊은 나이에 시력을 완전히 잃었다. 그렇지만 실명으로 좌절해서 인생을 포기하지 않았고, 집필에 더욱 매진했다. 그는 자녀들의 도움을 받아 오로지 구술로만 12권에 달하는 대서사시를 집필했는데, 그 작품이 바로 『실락원』이다.

앞을 볼 수 없는 존 밀턴이 방대한 분량의 책을 집필하겠다는 목표를 세우고 도전했을 때에는 엄청난 두려움과 난관이 그의 의지를 짓눌렀을 것이다. 그러나 그는 역경을 이겨내고 대작을 남겼다. 그도 자신을 만든 것은 실명이었다고 할 정도였다.

우버는 세계적인 모바일 차량 예약 서비스 회사인데, CEO 트레비스 칼라닉은 불가능을 모르는 진취적인 인물의 전형이다. 그는 18세의 어린 나이에 LA에 살고 있는 한국인과 함께 SAT 보습학원을 처음으로 창업했다. 1998년에는 22세의 나이로 P2P(peer to peer, 다자간 파일 공유) 업체를 세웠다. 그러나 이 사업으로 큰 손해를 보았다. 2000년 여름에 29개의 영화사와 방송국이 2,500억 달러(약 265조 원)에 달하는 소송을 제기했기 때문이다.

그는 결국 100만 달러를 배상하고 회사를 접었지만, 곧바로 세 번째 창업에 도전했다. 방송국이나 영화사가 합법적으로 자료를 공유하게끔 도와주는 회사를 차린 것이다. 150만 달러를 들여 창업했는데, 나중에는 2,300만 달러에 매각할 수 있었다. 그리고 그 자금으로 우버를 열었다.

샌프란시스코에서 출발한 우버 서비스는 2014년 12월을 기준으로 전 세계 70개 이상의 도시에 진출해 있다. 진출하는 곳마다 택시업계나 규제 당국과 전쟁을 치러야 하지만, 불가능을 모르는 트레비스의 도전정신 덕분에 우버의 확산은 가속화될 것으로 보인다.

존 밀턴이나 트레비스 칼라닉과 같이 성취를 이루어내는 사람들은 목표를 이루겠다는 의지가 남다르다. 어려움을 느끼는 순간, "이쯤 했으면 그만 쉬어도 되잖아. 지금도 최고야. 누구도 너를 비난하지 않아. 이만하면 충분해"와 같은 달콤한 유혹에 전혀 흔들리지 않는다.

마찬가지로 우리의 부모님들이 이만하면 충분하다는 유혹에 넘어갔다면 지금의 대한민국은 없을 것이다. 자식들만큼은 끼니 걱정 없이 배부른 나라에서 살게 하겠다는 의지, 다시는 전쟁으로 고통받지 않기 위해 부강한 나라를 만들겠다는 다짐들이 모여서 지금의 풍요함을 일구어냈다.

지금껏 자신만의 목표를 가진 적이 없고 정해진 길을 따라온 사람도 자신이 원하던 일을 했어야 한다고 후회할 때가 온다. 만약 새로운 목적을 찾고 있다면, 그리고 지금 향하는 방향이 인생의 목적과 맞지 않다면 방향을 틀어야 한다. 그 과정은 어렵고 험난하며, 가끔은 외롭기까지 하다.

그러나 결코 불가능의 가능성을 떠올려서는 안 된다. 불가능을 생각하는 순간 실패가 시작되기 때문이다. 역사가인 토머스 칼라일이 『프랑스 혁명사』를 집필했을 때, 무려 4년 동안 써온 원고를 하녀가 실수로 모두 불에 태워버렸다. 그러자 그는 "길을 가다가 돌이 나타나면 약자는 걸림돌이라 하고, 강자는 디딤돌이라 말한다"고 했다. 그는 처음부터 다시 시작했고, 결국 대작을 완성했다.

어떤 순간에도 목표를 이루겠다는 의지가 흔들리지 않도록 자신을 다독여야 한다. 탑을 쌓기는 어려워도 허물기는 쉽다. 달콤한 유혹에 넘어가는 순간 그동안의 노력도 물거품이 된다는 사실을 잊지 말자.

미루지 마라

어느 날, 라디오에서 원로 성우인 배한성이 영화감독이자 배우로 데뷔했다는 이야기를 들었다. 그는 원래 영화감독과 배우가 꿈이었다며 더 늦기 전에 한번 해보고 싶었다고 말했다. 고희를 넘긴 그의 도전에 감탄하지 않을 수 없었다.

두려움을 이기는 최선의 방법은 일단 해보는 것이다. 목표를 정했다면 어떻게 할지 고민만 해서는 안 된다.

예를 들어, 요즘에는 다이어트에 너나 할 것 없이 관심이 많다. 살을 빼는 법, 근육을 키우는 법, 유연성을 기르는 법 등 전략과 방법에 대해서는 이미 수많은 정보가 인터넷이나 책에 나와 있다. 그런데도 비만 인구가 늘어나고 학생들의 체력이 떨어지는 것은 아무것도 하지 않기 때문이다. 앞으로 나가야겠다고 결정했으면 일단 걸음을 떼야 한다.

목표를 제대로 이뤄내지 못하는 것은 꿈만 꿀 뿐, 행동으로 옮겨 본 적이 없기 때문이다. 그러나 인생을 성공적으로 살아가는 사람들은 확신이 섰다면 목표를 이루기 위한 절차에 바로 돌입한다.

제2의 스티브 잡스로 불리는 앨런 머스크는 민간 자격으로는 처음으로 우주선을 쏘아 올리고, 페라리에 버금가는 성능의 전기 스포츠카를 개발했다. 박사 과정에 진학한 지 이틀 만에 자퇴한 그는 2000년에 인터넷 결제 서비스 회사인 페이팔(Paypal)을 설립했고, 2002년에는 페이팔을 매각한 후 우주 로켓 회사인 스페이스 엑스를 설립했다.

그리고 2004년에는 전기자동차 회사인 테슬라를, 그로부터 2년 뒤에는 태양에너지 회사 솔라시티를 설립했다. 인류의 삶에 가장 큰 영향을 줄 수 있는 인터넷, 우주, 에너지 분야에 헌신하기로 결정한 자신의 다짐을 바로 실행에 옮긴 것이다. 일단 하겠다고 마음먹은 일은 주저 없이 실행하는 것이 그가 앞으로 나아가는 비결이었다.

그렇다고 결단과 과감한 실천이 어떤 일을 시작할 때만 필요한 것은 아니다.

마쓰시타 전기의 마쓰시타 고노스케 회장은 경쟁사가 신상품을 개발하자 6억 엔에 달하는 구형 계산기를 전량 폐기 처분했다.

존슨앤존슨의 팀 버크 회장은 1982년에 타이레놀을 복용한 사람이 사망하는 사고가 발생했을 때, 1,000억 원의 손실이 예상되는데도 곧바로 전량 회수를 결정했다.

필립스의 클레이스테를레이 회장은 120년 필립스 역사상 최대의 영업 손실을 내고 있을 때, 기업의 주력 사업인 음향과 반도체 사업을 매각하고 라이프스타일 가전, 조명, 헬스기기로 사업 구조를 전환했다. 그 결과, 2001년에는 적자가 3조 원에 달했는데 2011년에는 2조 3,000억 원의 흑자를 기록했다.

이들 모두 위기에 빠진 회사를 지켜야 한다는 단 하나의 목표를 위해 용단을 내리고 이를 실행에 옮긴 위대한 경영자다. 만약 이들이 결정이나 행동을 미뤘다면 오늘날 위대한 경영자로 사람들의 기억에 남지 못했을 것이다. 그저 그런 역대 CEO 중 한 명으로 기업의 역사서에만 이름을 올렸지 않았을까?

목표를 정했다면 지금 당장 할 수 있는 것을 정해서 이 책을 덮기 전에 실천에 옮겨라. 큰 파장까지는 아니더라도 목표를 성취하는 작은 걸음이면 된다. 가슴 떨리는 일을 앞두고 있더라도 두려워하지만 말고 작은 일부터 시작해보자.

수많은 임원 또는 직원 앞에서 신규 사업을 브리핑해야 한다면 브리핑 장소에 직접 가보거나 발표할 주제에 관한 자료를 모으는 등 무엇이라도 실천하라. "잘못되면 어쩌지?" 하며 걱정만 해서는 아무것도 할 수 없다. 일단 시작하라.

4장

인생을 바꾸는 원 질문

질문하기 전에 고려할 점들

상대방의 경계심을 풀어라

세상에 마음먹는 것만큼 어려운 일은 없다. 그런데 그보다 더 어려운 것은 자신도 아닌 다른 사람이 마음먹게 만드는 일이다. 그래서 남의 지갑을 열어 물건을 사게 하는 방법만 전문적으로 연구하는 학문이 있을 정도다.

설득과 협상에 관한 명작 『뱀의 뇌에게 말을 걸지 마라』에서 마크 고울스톤은 인간의 뇌 구조를 설명한다. 그에 따르면 인간의 뇌는 세 겹으로 되어 있는데, 가장 안쪽은 뱀의 뇌, 중간은 토끼의 뇌, 가장 바깥쪽은 영장류의 뇌다. 뱀의 뇌는 즉각적인 행동과 반응을 담당하여 위험과 변화를 감지하고, 토끼의 뇌는 감정을, 영장류의 뇌는 정보 분석 및 판단과 결정을 주관한다.

그러므로 남의 행동에 변화를 주기 위해서는 뱀의 뇌와 토끼의 뇌를 거쳐 영장류의 뇌에까지 영향을 미쳐야 한다. 그러기 위해서는 가장 먼저 위험을 감지하여 변화를 거부하는 뱀의 뇌를 제압해야 한다.

필자도 뱀의 뇌 때문에 실패를 경험한 적이 있다. 2008년경, 우리나라에서는 구성원들의 잠재 역량을 이끌어내기 위해 선진국의 코칭 문화가 조직에 도입되어야 한다는 목소리가 힘을 얻고 있었다. 필자는 자발적이고 능동적인 병영 문화 확산을 위해 군 조직에도 코칭 문화가 도입되어야 한다고 생각했다. 그러다가 우연한 기회에 한국코칭센터에서 주관하는 전문코치 양성과정을 이수했는데, 그곳에서 질문하는 법에 대해 배울 수 있었다.

그런데 교육을 마치고 의기양양하게 아내에게 질문을 던지다가 이내 실패하고 말았다. 지금 돌이켜 생각해보면 참 어설프게도 질문했던 것 같다. 당시 아내는 장인어른의 건강, 이사, 출산, 집안 형편, 대학원 진학 등으로 매일같이 머리가 복잡했다. 이런 사람에게 인생의 깨달음을 주겠답시고 무턱대고 질문을 던졌으니, 통할 리가 없었다. 내게는 비싼 돈을 들여 한 소중한 경험이었는데, 아내는 남편이 돈과 시간만 낭비한 것은 아닌지 오히려 불신하는 눈치였다.

적어도 아내가 정신적으로 편안해지는 시간을 찾거나, 아내가 질문을 받아들일 마음가짐을 갖도록 분위기를 조성해야 했다. 그것도 아니라면 아내가 고민하고 있는 문제와 어울리는 질문을 던지든가 말이다. 그러나 상황에 어울리지 않게 질문을 던지는 바람에, 아내는 변화를 감지하는 뱀의 뇌가 먼저 작동해서 마음을 열지 않았다.

이 일로 아무리 좋은 질문도 상대가 받아들이지 않는다면 아무 쓸모가 없다는 사실을 깨닫게 되었다.

다른 사람에게 질문하려면 상대방의 귀를 막은 봉인부터 해제해야 한다. 그래야 꼭 닫아둔 가슴을 열고 변화를 받아들이게 된다. 그러려면 편안한 분위기를 만들거나, 당장 관심 있는 문젯거리에 대해 질문을 던져야 한다.

또 다른 방법은 질문의 힘을 조금만 맛보게 하는 것이다. 그러면 점차 크고 강력한 질문도 자연스럽게 받아들이게 된다. 누구나 일, 취미, 건강 등 매일같이 해결해야 하는 문제를 안고 산다. 이때 답을 제시하는 대신 질문을 던지는 것이다. 고민이 있는 사람과 대화를 나누기 시작했다면, 그는 이미 봉인이 해제된 것이나 마찬가지다.

"부장님이 이 일을 시킨 진짜 의도가 뭘까? 제품의 단가는 더 이상 줄일 수 없는 걸까? 생각보다 시장의 규모가 더 크지는 않을까?"와 같은 질문을 던져서 문제 해결의 실마리를 스스로 찾도록 도와주면, 이런 질문은 곧 효과를 발휘한다. 무엇보다 중요한 점은 답을 주는 것이 아니라 질문을 던져야 한다는 사실이다.

뱀의 뇌에 막혀 정작 하고 싶은 말을 가로막히고 싶지 않다면 상대방의 경계심을 풀어줘야 한다. 이야기를 나눌 만한 분위기를 만들어도 좋고, 부담 없는 사소한 질문을 건네는 것도 좋다. 문을 열고 싶다면 일단 자물쇠부터 풀고 보자.

질문을 잘하려면 힘을 빼라

필자는 수년 동안 여러 가지 운동을 배우고 즐기면서 재미있는 사실을 하나 발견했다. 무슨 운동이든, 운동을 할 때는 힘을 빼야 한다는 것이다. 매우 격한 운동도, 우아하고 부드러운 운동도 해보았지만, 모든 운동은 힘을 빼야 잘할 수 있다.

운동을 해본 사람들은 힘을 빼야 한다는 말이 무슨 뜻인지 알 것이다. 원리를 잘못 이해하거나 잘해야 한다는 압박감이 커지면 자신도 모르게 몸에 힘이 들어간다. 수영할 때 물에 가라앉고, 테니스 라켓을 쥔 손목이 꺾이거나, 복싱에서 주먹을 뻗을 때 어깨가 틀어지고, 말을 탈 때 발의 앞축이 아래로 쏠린다면 과도하게 힘이 들어갔기 때문이다.

잘못된 신체 부위에 힘을 주거나, 주어야 할 힘보다 더 많은 힘을 주면 제대로 된 동작이 나오지 않는다. 실력이 늘지 않는 것은 물론이고 자칫 부상을 입을 수도 있다.

다른 사람에게 질문할 때도 마찬가지다. 이는 부담감을 버리라는 이야기다. 내 마음이 편안해야 상대방에게 좋은 질문을 던질 수 있다. 특히 질문을 처음 시작할 때에는 무엇을 어떻게 해보겠다는 욕심을 내려놓아야 한다.

부담감을 버리라는 말은 질문을 통해 상대를 바꾸거나 도움을 주어야겠다는 생각을 버리라는 것이다. 도움을 주겠다는 열정은 높이 살 만하지만, 열정이 과하면 성과를 기대하게 된다. 그러면 상대의 답변과는 관계없이 질문하고 싶었거나 준비한 질문만 계속 던지거나, 자신이 원하는 방향으로 답하게끔 몰아가게 된다. 그러면 상대는 오히려 마음을 닫을 수도 있다.

한편, 이는 질문의 강약을 조절해야 한다는 뜻이기도 하다. 질문마다 모두 영감을 주지는 못한다. 개그 프로그램을 봐도 정말 웃긴 한 장면을 만들기 위해 분위기를 조성하는 조연이 등장한다. 보는 내내 빵빵 터지는 개그 프로그램은 오히려 재미가 없다.

질문할 때도 큰 영감을 주기 위해서는 사소하게 밀고 당기는 작업이 필요하다. 질문을 많이 하다 보면 핵심적인 질문을 발견하게 되는데, 이런 질문만 계속한다면 상대는 지치고 말 것이다. 때로는 강하게, 때로는 부드럽게 질문을 던져보자. 그러면 상대는 마음의 문을 열고 당신의 질문에서 큰 영감을 얻을 것이다.

답을 주겠다는 생각을 버려라

상대방을 바꾸어놓겠다는 욕심과 함께 버려야 할 것이 있다면 답을 주어야 한다는 강박관념이다. 문제를 해결하는 것은 당신이 아니다. 당신은 질문을 던지고 경청하기만 하면 된다. 그리고 상대방의 이야기를 듣고 다시 적합한 질문을 던지면 그만이다. 상대방에 대해 아무리 많이 안다고 해도 그 사람의 머릿속에 들어갔다 나오지 않는 한, 상대방의 문제나 꿈을 정확하게 알 수는 없다. 질문하는 사람은 답을 알 수 없다. 그러니 질문에만 집중해야 한다.

질문을 받는 상대방도 나와 마찬가지로 자신의 인생을 스스로 이끌어가야 할 책임과 의지가 있다. 갖고 있는 문제나 이루고 싶은 꿈은 다르더라도 자신의 삶에 대한 인식은 누구나 비슷하다. 다만 실천하지 못할 뿐이다. 그러니 용기를 북돋아주는 데 주력해야 한다.

한편, 문제에 봉착하더라도 다른 사람을 바라보고 답을 구하지 말자. 스스로 해법을 찾고 결정해야 실천할 용기가 생긴다.

우리 사회는 모든 사람이 답만 구하려 든다. 그래서 "어떻게 해야 돈을 벌죠?" "어떻게 하면 성공하나요?"라고 질문한다. 그러나 그 질문에 대한 답이 자신에게도 적용될지는 아무도 모른다.

이런 식으로 답만 찾아다니다 보면 "내가 무엇을 좋아하는 것 같아요?" "내가 뭘 하면 좋을까요?" "내게는 어떤 전공이 맞을까요?" "어떤 직장이 괜찮을까요?"처럼 인생의 중요한 결정뿐만 아니라, 심지어 "어떤 여자와 결혼하는 게 좋나요? 아이를 꼭 낳아야 하나요?" 같은 아주 개인적이고 본질적인 질문에 대한 답도 남에게서 구하려 든다.

당신이라면 이런 질문에 답할 수 있는가? 질문하는 사람을 잘 알고 있다고 해도 전부를 알지는 못하므로, 제대로 답을 줄 수 없다. 이럴 때는 오히려 "왜 그 전공을 공부하려고 하죠?" "왜 직장을 옮기려 하나요?" "지금 일은 어떤 면에서 부담을 주나요?" "결혼이 뭐라고 생각하나요?"와 같은 질문으로 상대방을 유리성에서 꺼내주어야 한다.

다른 사람에게 질문을 할 때는 오직 질문에만 집중하고, 섣불리 답을 주려 하지 말자. 섣부른 답은 무관심보다 위험하다.

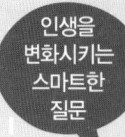
인생을 변화시키는 스마트한 질문

소중한 사람에게 질문을 선물할 때 주의할 점

좋아요	나빠요
• 상대방이 내가 한 질문에 생각하고 답하게 한다. • 현재에 머물거나 미래로 나아간다. • 필요한 질문만 한다. • 질문하고 답이 나올 때까지 기다린다. • 맞거나 틀린 답은 없다고 믿는다. • 질문을 위해 분위기를 조성한다. • 상대방의 이야기를 경청하고 진심으로 반응한다. • 상대방의 호기심과 탐구 능력을 신뢰한다. • 상대방이 추구하는 가치를 존중한다. • 상대방의 판단의 근거를 다양한 관점에서 고찰하도록 해준다. • 나의 개인적 걱정거리나 우려는 생각하지 않는다. • 말이 끝나기 전에 예상하지 않는다. • 짐작이 가능해도 끝까지 듣는다. • 침묵도 나쁘지 않다. • 조언이 필요하다면 A 또는 B라는 식으로 제시하여 상대방이 선택하도록 하라.	• 상대방에게 질문에 대한 답을 제공한다. • 과거로 회귀한다. • 질문을 위한 질문을 한다. • 답을 재촉한다. • 상대가 찾은 답을 평가한다. • 갑작스레 질문한다. • 이야기가 끝나면 무엇을 질문할까 고민한다. • 자신의 지식과 지혜만을 신뢰하고 판단한다. • 상대방이 추구하는 가치를 의심한다. • 상대방의 판단의 근거를 그대로 수용한다. • 상대방의 문제를 나의 개인적 걱정거리와 결부시킨다. • 일부만 듣고 예상한다. • 예상 가능한 답변은 중단시킨다. • 침묵을 참지 못한다. • 조언이 필요하다면 A라고 하나만 정해서 제시한다.

# 가장 소중한 사람, 가족에게

2014년 한국 영화계에서 가족의 사랑을 소재로 한 영화가 흥행에 성공했다. 「국제시장」은 한국의 근현대사를 힘겹게 버텨낸 우리의 부모 세대에게 바치는 영화다. 영화는 오직 가족을 위해 모든 것을 희생했던 아버지의 삶을 중심으로 진행되지만, 보는 이에 따라서는 주인공의 모습에서 어머니나 할머니의 모습을 떠올릴 수도 있을 것이다.

윤제균 감독은 "영화를 시작하면서부터 언젠가는 꼭 해야겠다고 다짐한 이야기다. 가난하고 힘들었던 그 시절, 당신이 아니라 가족을 위해 평생을 살아온 아버지를 바라보며 늘 죄송한 마음이었다. 우리 할아버지, 할머니 그리고 아버지, 어머니 세대에 고마운 마음을 전하고자 만든 영화"라고 기획 의도를 밝혔다.

한편, 2008년 다큐멘터리 영화 흥행 1위를 기록한 「워낭소리」의 기록(296만 명)을 깬 「님아 그 강을 건너지 마오」는 76년간 함께하며 평생을 사랑해도 부족한 노부부의 아름다운 사랑과 이별을 그린 감동 다큐멘터리다. 100세에 가까운 두 노인이 고운 빛깔의 한복을 맞추어 입고 손을 잡은 채 거니는 모습은 사랑에 대한 우리들의 인식에 커다란 질문을 남겼다.

특히, 6명의 자식을 어린 나이에 먼저 앞세워야 했던 할머니가 할아버지에게 내복을 전해주며 아이들 한 명 한 명에게 이승에서 못 사 입힌 내복을 입혀주라고 말하는 장면은 자식에 대한 부모의 끝없는 사랑을 새삼 느끼게 해준다.

누구든 자신을 세상에 태어나게 해주신 부모님을 공경하고 형제자매 간에 우애 있게 지내야 한다는 사실을 알고 있다. 자식은 사랑으로 대하고, 나눔을 알려줘야 한다. 그렇지만 척박한 세상살이에 내몰리고 경쟁에 치이다 보면 이러한 기본적인 가치를 잊고 만다. 그래서 적지 않은 사람들은 기대고 정을 나눌 가족을 두고도 스스로 외톨이가 된다.

때론 소중한 사람을 영원히 잃을 수도 있다는 깨달음이 변화를 가져오기도 한다. 평범한 대학생이었던 이동훈은 어머니가 갑상선암에 걸린 것이 계기가 되어 가족에 대한 소중함을 절감하고, 매사에 작은 실천을 통해 사랑을 표현해야겠다고 마음먹었다.

2012년에 그는 암 환자를 위한 모금 프로젝트인 '4K 포 캔서(4K For Cancer)'에 참가했고, 자전거로 미대륙 7,000킬로미터를 횡단하면서 언론의 주목을 받았다. 그는 70일 동안 자전거를 타면서 부모님을 비롯한 주변 모든 사람들의 안녕과 건강을 빌었다고 말했다.

가족만큼 소중한 것이 또 있을까? 사랑하는 사람은 언제든 잃을 수도 있다. 생명은 유한한 것이므로 누구나 죽게 마련이다. 그러니 상대방은 아끼되, 사랑은 아끼지 말자. 함께할 수 있을 때 사랑과 관심을 표현하자.

가족이 더욱 가족다워지고, 좀 더 가까워지며, 정이 한층 깊어지게 하는 질문을 소개한다.

꿈이 뭐야?

평소에는 공기나 물의 소중함을 잊고 살지만, 그것이 없다면 우리는 살 수 없다. 가족도 마찬가지다. 곁에 있을 땐 모르지만, 떨어져 지내보면 소중함을 알게 된다. 필자의 일은 가족과 떨어져 지내는 때가 많아서, 필자 역시 오랜 기간 가족과 떨어져 지냈다. 아내와 아이가 다녀간 날은 집에서 잠을 자기가 싫을 만큼 가족의 빈자리가 더욱 크게 느껴졌다. 그러나 떨어져 지내든 아니든 간에, 누구나 자신의 가족을 사랑한다.

가족을 정말 사랑한다면 가족 구성원이 어떤 삶을 살고 싶어 하는지 알아야 한다. 앞에서 말한 것처럼, 부모의 80%는 아이들의 꿈을 잘 알고 있다고 생각한다. 그러나 부모가 생각하는 아이들의 꿈이 정말 아이들이 지닌 꿈이 맞을까? 아이들과 꿈에 대해 진지하게 이야기해본 적이 없다면 이제라도 진지하게 물어보기 바란다. "너의 꿈이 뭐야?"라고 말이다.

그나마 자녀는 잘 알고 있을 수도 있다. 그런데 배우자의 꿈이 무엇인지는 알고 있는가? 애들을 잘 키우거나 돈을 많이 벌어 부자가 되고 싶다는 식의 목표를 이야기하는 것이 아니다. 배우자가 정말 하고 싶어 하는 일을 아는 사람은 드물다. 생계를 위해 해야 하는 밥벌이가 아니라, 경제적 여유가 되고 여건이 허락한다면 배우자가 진짜로 해보고 싶어 하는 일이 무엇인지 물어보자.

자신의 꿈에만 집중해서 가족의 꿈은 한 번도 돌아보지 않았다면 지금 당장 물어보자. 그들이 자신의 꿈을 모른다면 질문을 던져 꿈을 찾도록 도와줘야 한다. 가족은 같이 성장하고 꿈을 이루어가는 공동체이기 때문이다.

우리는 서로에게 어떤 존재인가?

가족이 자신의 일과 경력에 어느 정도 방해가 된다고 생각하는 사람이 적지 않다. 일하기도 바쁜데 집안일로 자꾸 귀찮게 한다고 말하는 가장도 많다. 그러나 뒤집어 생각해보면, 열심히 일하는 이유의 상당 부분은 가족 때문이다.

그런데 가족을 위해 열심히 일한다고 말하면서 정말 가족을 위해 일하는 것일까? 오히려 한 철학자의 말처럼 요즘의 직장인들은 일하는 소가 되어버린 것 같다.

"아빠 피곤하니까 좀 쉴게."

이 말은 모든 아빠들(또는 엄마들)의 레퍼토리가 되어버렸다. 일하기 위해 쉬고, 쉬고 나면 또 일을 한다. 가장이 열심히 일한 대가로 가족들은 넓은 집에서 편하게 지낼 수 있고, 아쉬운 것이나 어려움 없이 살 수 있게 되었을지는 모른다. 그러나 가장 중요한 것이 빠졌다. 바로 나 자신이다. 그 가족 속에 내가 없다. 열심히 돈을 벌어주는 아빠(엄마)가 가족 속으로 들어오는 순간 편안함이 깨진다. 편리하지만, 편안하지는 않다. 이런 상태를 행복이라고 부를 수는 없을 것이다.

물론 아이들이 비누 거품을 튀기고, 밥 먹을 때 음식을 흘리거나, 이상한 소리를 내며 온 집 안을 쿵쿵거리며 뛰어다닐 때는 짜증이 나기도 한다. 아내와는 작은 일로도 감정이 상하고, 일 때문에 바쁜 것을 이해해주지 않을 때는 다투기도 한다.

그러나 이런 불편함은 불가피한 것이다. 세상에 나와 똑같은 사람이 하나 더 있다고 해도 살다 보면 마음이 안 맞아서 싸울 일이 생길 것이다. 하물며 전혀 다른 인격체가 함께 사는데 문제가 없는 것이 도리어 이상한 일이다. 게다가 이런 불편함은 가족을 더욱 끈끈하게 이어주기도 한다.

그러나 이혼율에 대한 통계 자료는 가족에 대한 인식이 많이 달라졌음을 말해준다. 인구 1,000명당 이혼 건수(조이혼율)가 2000년대에는 2.72인데, 이는 1950년대와 비교하면 13.6배가 증가한 수치다. 그만큼 이혼이 쉬워졌다는 뜻이다. 특히 IMF 사태로 경제적 타격을 입은 2000년부터 조이혼율은 꾸준히 상승하다가, 2003년에는 역대 최고치인 3.54를 기록했다. 시련이 오히려 가족의 연결 고리를 끊어놓았던 것이다.

『청소부 밥』은 일밖에 모르는 CEO 로저 킴브로우가 청소부 아저

씨 밥 티드웰을 통해 인생이라는 축복을 만끽하며 변화해가는 이야기를 담은 책이다. 경영 위기에 처한 회사, 이혼할 만큼 소원해진 아내, 함께하지 못하는 아빠에게 투정부리는 딸 사이에서 샌드위치가 되었다며 불평하는 로저에게 밥은 "가족은 짐이 아니라 축복"이라는 메시지를 전한다.

자신이 살아가는 이유와 절대 포기할 수 없는 가치가 무엇인지, 정말 소중한 순간은 언제인지 고민하게 해주는 메시지를 통해 결국 로저는 서서히 변하게 되고 가족의 품으로 돌아간다.

가족 간의 관계가 서류 몇 장으로 정리된다면 슬픈 일이다. 가족은 오랜 시간 함께하며 특별한 경험을 나눈 사람들이기 때문이다. 나와 가족은 서로에게 과연 어떤 존재일지 생각해보자.

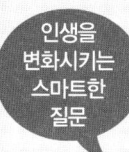
인생을 변화시키는 스마트한 질문

과연 일과 삶의 균형을 맞추고 있는가?

최근 일거양득이라는 국가 정책이 나올 정도로 개인의 삶과 직장 생활 모두에서 행복을 얻는 것이 중요한 문제로 떠올랐다. 누구나 일과 삶의 균형을 원하지만 실제 우리의 모습은 어떨까? 아래 질문에 답해보고 처방전을 살펴보자.

1. 가족과 한 약속은 잘 지키는 편인가? (Yes, No)
2. 배우자나 아이가 아파 조퇴하거나 결근한 적이 있는가? (Yes, No)
3. 저녁식사는 보통 가족과 함께 하는가? (Yes, No)
4. 영화 감상, 외식 등 가족과 함께 시간을 보낼 때 일 문제는 최대한 내려놓는가? (Yes, No)
5. 갑작스레 야근해야 하는 상황에서는 가족의 얼굴이 가장 먼저 떠오르는가? (Yes, No)
6. 부모님 생신 또는 제사 등을 잊지 않고 챙기는가? (Yes, No)
7. 배우자의 꿈, 좋아하는 음식 등을 정확히 아는가? (Yes, No)
8. 아이들의 취미나 특기에 관심을 갖는가? (Yes, No)
9. 가족의 생일이나 졸업식 등을 잊지 않고 챙기는가? (Yes, No)
10. 집안일을 부부가 분담하는가? (Yes, No)
11. 일이 바쁠 때에도 가족의 문제에 진지하게 관심을 보이는가? (Yes, No)
12. 승진이나 상여금 같은 보상을 받았을 때, 가족의 희생이나 배려에 대한 감사함을 표현하는가? (Yes, No)

13. 종종 혼자만의 시간을 가지는가? (Yes, No)
14. 가정 내에서 경제적인 부분 외에도 내 역할이 있는가? (Yes, No)
15. 집안에서 자신의 권위를 존중받고 있는가? (Yes, No)

처방전

Yes 13~15개	개인의 삶뿐만 아니라 가정도 잘 보살피고 있다. 직장에서도 목표하는 바를 이룰 수 있도록 적절히 균형을 유지하자.
Yes 9~12개	대체적으로 균형을 잘 유지하고 있다. 가족의 배려가 희생으로 발전되지 않도록 감사와 사랑을 표현하자.
Yes 5~8개	가정에 소홀해질 가능성이 있다. 상황이 악화되기 전에 바로잡자. 이미 잡음과 균열이 일어나기 시작했을 수도 있다.
Yes 1~4개	가정에 무관심하면 퇴직 후에 외톨이로 살 수도 있다. 지금부터라도 가정을 돌보자. 가정의 구성원으로서 책임감을 가져야 한다.

영원히 비빌 언덕, 친구에게

"All is well."

「세 얼간이」는 세 친구가 꿈을 찾아가는 여정을 그린 인도 영화다. 성적과 취업만 강요하는 학교를 뒤엎어놓은 란초가 주인공으로 등장하는데, 자신이 좋아하는 사진기를 내려놓고 아버지의 뜻에 따라 공학도가 된 파르한, 가난을 이겨내야 한다는 책임감으로 대기업 취업에만 목매는 라주를 변화시킨다.

영화에서 세 친구가 가슴에 손을 얹고 하는 말이 바로 "모든 게 잘 될 거야(All is well)"이다. 란초는 파르한에게 사진을 사랑한다면 사진이랑 결혼하라고 말하고, 라주에게는 내일에 대한 두려움으로 어떻게 오늘을 살 것이냐고 물었다.

란초의 말은 두 사람이 변화하는 전환점이 되었고, 결국 두 사람은 두려움을 이겨내고 자신의 꿈을 찾아 도전하게 된다. "재능을 좇으면 성공은 뒤따를 것이다"라는 이 영화의 마지막 메시지는 마음에 잔잔한 감동을 주었다.

인생 상담을 하기에 가장 좋은 상대는 친구다. 마음을 터놓을 수 있다면 누구나 친구가 될 수 있다. 나이나 환경과는 상관없이 꿈에 대해 이야기할 수 있는 란초 같은 친구가 되어보자. 친구와 함께 가슴에 손을 얹고 "모든 게 잘될 거야"라고 위로하며 건넬 수 있는 질문을 소개한다.

죽을 때 무엇을 남길 것인가?

미래의 모습을 그려보는 것은 오늘을 살아가는 이정표이자 기준이 된다. 진정으로 원하는 꿈을 위해 오늘을 희생하는 것은 일종의 투자다. 그렇다면 설사 꿈을 이루지 못하더라도 행복한 인생일 것이다.

한편 돈, 승진, 명예 등만을 막연히 쫓으며 오늘을 보내는 것은 희생일 뿐이다. 물론 이런 목표가 나쁘기만 한 것은 아니다. 그러나 목적도 없이 현재의 시간을 쏟아 붓는 것은 보람과 성취보다는 아쉬움과 미련만 남긴다.

인생은 단 한 번뿐이고, 누구나 때가 되면 죽는다. 누구나 인생의 끝을 생각하면 진지해지고 자기 자신을 돌아보게 된다. 그래서 가끔은 죽음을 생각하는 것이 오히려 살아갈 힘을 얻고 삶의 방향을 찾는 방법이 되기도 한다.

"죽을 때 무엇을 남길 것인가?"라는 질문은 인생을 원점에서 다시 돌아보게 할 만큼 강력한 질문이다. 이 질문 앞에서 은행 계좌의 잔고, 아파트 평수, 고급 자동차, 경력과 같은 것은 금세 의미를 잃고 만다. 이런 것은 물려줄 수는 있어도 영원히 남지는 않기 때문이다.

삼성 이병철, 현대 정주영, 포스코 박태준 회장처럼 막대한 부를 이룬 대기업 회장들이 남긴 것은 사실 막대한 자본이나 시설이 아니라 그들의 경영철학과 가치였다.

이 질문에 대한 답은 누구나 다르다. 친구의 답도 나와 다를 것이다. 그러나 그 답은 앞으로 남은 삶의 매 순간을 어떤 모양과 색깔로 채워야 하는지 결정하는 기준이 된다.

추억할 것인가, 아쉬워할 것인가?

마음먹은 일을 시도하지 못하고 주저하는 친구에게는 용기를 북돋아 주는 질문이 필요하다. "지금 이 시기를 추억할래, 아니면 아쉬워할래?"라고 물어보면 결정을 내리는 데 도움을 줄 수 있다.

누구나 성공에 이르는 지침이나 원칙을 몰라서 성공하지 못하는 것이 아니다. 다만 행동으로 옮기지 못했기 때문이다. 그리고 대개는 용기가 부족하다는 공통점이 있다.

죽음을 앞둔 사람에게 물어보았더니, 많은 이들이 '시도도차 하지 않았던 것'을 가장 후회한다고 답했다. 그들은 용기가 부족했고 때로는 비겁했던 자신을 안타깝게 여겼다. 어떤 일도 시도하지 않으면 변화가 없는 삶, 어제와 같은 오늘만 남는다.

반면 어떤 일이든 시도하면 결과는 매우 다양해진다. 진정으로 원해서 내린 결정이라면 변화로 인해 어려움을 겪더라도 달게 받아들일 수 있을 것이다. 또한 그렇게 얻은 결과는 더욱 값지다.

도전을 주저하고 있는 친구는 가끔 궁지로 내몰 필요가 있다. '시간이 해결해주겠지'라고 생각해서 내버려두면, 결국엔 스스로 선택할 수 있는 것은 하나도 남지 않게 된다. 이는 후회하는 삶을 사는 지름길이기도 하다.

높을수록 외롭다, 상사에게

군대에서는 정말 많은 것을 배울 수 있는데, 그중에서 으뜸은 상사를 모시는 법이다. 여기에서 말하는 '모시는 법'이란 비전 제시, 가치와 이념 정립, 목표 설정, 추진 및 성취의 모든 과정을 상사와 함께하는 것을 뜻한다. 그러므로 상사를 잘 모시는 일은 상사를 포함한 조직 전체가 목적을 향해 흔들림 없이 올바른 방향으로 나아가도록 상사를 잘 보좌하는 것을 뜻한다. 그런 의미에서 진정한 참모란 상사를 잘 모시는 사람이다.

    다행히 필자는 훌륭한 상사를 많이 만났고, 많은 것을 배웠다. 훌륭한 상사는 업무에는 칼 같아도 개인적인 관계에서는 부드럽고 따뜻했다. 자신에게는 엄격한 잣대를 들이댔지만 부하들에게는 관용을 베풀고 기다려주었다. 리더의 역할을 수행하는 동안 스스로에게 적용한 기준이 흔들린 적이 없었다. 가장 먼저 사무실의 불을 켜고 늘 늦게까지 업무를 챙겼다. 하나같이 부하들이 일을 통해 성장하도록 도와주는 진정한 리더였다.

이런 상사를 모시는 것은 행운이다. 업무적으로나 인간적으로 성장할 수 있는 기회이기 때문이다. 특히 업무와 관련해서는 소위 '개념'을 잡는 데 큰 도움이 된다. 개념은 일종의 상식이고, 업무와 생활에 대한 사리분별이라고 할 수 있다.

그런데 개념 없는 상사 밑에서 잘못 배울 경우 영원히 잡을 수 없는 것이 개념이기도 하다. 어떤 상사는 부하들이 모두 개념 없고 무능하다며 혀를 찼지만, 정말 개념 없었던 것은 바로 그 사람이었다.

개념 없는 상사의 특징이 몇 가지 있는데, 같은 일에 대한 어제의 지침과 오늘 오후의 검토 방향이 완전히 다르고, 동일한 건의를 해도 언제, 누가 하느냐에 따라 결과가 달라진다는 것이다.

그러나 어떤 상사가 됐든 지위가 높을수록 외로워진다. 리더의 자리에 앉은 이들은 목표를 향하는 피라미드의 정점에서 외부의 바람과 내부의 불신을 견디며 혼자서 무거운 책임을 져야 한다. 이런 외로움과 공허함은 리더를 중심으로 모든 조직이 움직여도 사라지지 않는다. 무거운 책임을 내려놓을 때에만 이들과 결별할 수 있다.

개념 없는 리더는 이런 공허함을 달래기 위해 부하를 동원하고 오만 가지 이벤트를 시키지만, 개념이 올바로 선 리더는 오로지 자신만의 방식으로 외로움과 동행한다. 그런 리더라면 오히려 부하들이 나서서 책임을 함께 나누어 지려 한다.

개념 있는 리더와 함께 성장하려면 다음과 같은 질문을 던져도 좋겠다.

이런 의도로 시키신 게 맞습니까?

직장에서 개념 없는 사람이 되고 싶지 않으면 일을 잘해야 한다. 회사에서 인간관계를 넓히거나 체력을 키우길 원한다면 사표를 내고 노는 편이 낫다. 직장은 일하는 곳이고, 성과를 내어 이윤을 창출하는 곳이다. 그러므로 직장에서는 일을 잘하는 것이 기본이다.

일을 잘하기 위해서는 자신이 하는 일의 목적을 분명히 알아야 한다. 그래야 무슨 일을 하더라도 길을 잃거나 해매지 않는다. 그러나 보통은 일이 잘못되고 나서야 상사에게 보고하는 경우가 많다. 처음의 의도와는 너무 다른 보고서, 협상 결과, 제조품, 물품 구매 등 일이 잘못되는 이유는 대부분 부하가 상사의 의도를 잘 알고 있다고 착각했기 때문이다.

그러니 일을 지시받았을 때에는 "이런 의도로 시키신 게 맞습니까? 일을 추진하는 데 도움이 될까 해서 그러는데 이 일을 하는 목적을 알 수 있습니까?"와 같이 질문하라. 자신이 왜 이 일을 하는지 분명히 알아야 좋은 결과를 얻을 수 있다.

단순한 질문 같지만, 상사에게 이렇게 질문하지 못하는 사람이 의외로 많다. 윗사람이 일을 시키면 잔뜩 긴장해서는 무슨 말인지 이해하지도 못한 채 무조건 알겠다고 대답하기 때문이다. 일단 이렇게 일을 받고 나면 다시금 질문하기가 어려워진다. 그러니 일을 받은 순간 궁금증을 해결하고, 최종적인 결과가 어떻게 될지 중간에 상사와 공유해야 한다.

요즘 많이 힘드시죠?

직장인이라면 누구나 자신의 일이 얼마나 어려운지, 왜 힘든지 하소연한다. 그러나 상사는 부하보다 훨씬 고민이 많고 힘들다. 업무만 놓고 보더라도, 실무자가 아무리 어려운 일을 해도 팀장의 책임감을 넘어설 수는 없다. 직급이 높을수록 급여가 올라가는 것은 책임에 대한 보상이다. 더 많은 것을 고민하고, 결정을 내리며, 더 오랜 시간을 직장에 쏟아 붓기 때문이다.

직장은 무한경쟁의 원리를 충실히 따른다. 따라서 상사의 마음속에는 성과에 대한 부담감이 자리하고 있다. 상사도 상사의 상사, 주주, 국민, 관할 기관, 국회 등의 평가를 받는다. 아무리 일을 안 하는 상사 같아도 부하만큼은 힘들다. 오죽하면 10시간씩 열심히 일해서 승진했더니 13시간씩 일하게 됐다는 말이 생겼을까.

상사에 대한 질문의 성패는 분위기가 절대적으로 좌우하므로, 적절한 타이밍을 노려서 이렇게 물어보라. "요즘 프로젝트 때문에 많이 힘드시죠?"

이때 시답잖은 일이 아니라 상사가 가장 고심하고 있는 일에 대해 질문해야 한다. 상사가 해결책을 내놓으라고 하지는 않을 것이다. 단지 자신이 고심하는 일을 부하들도 함께 고민하고 있다는 위로만으로도 족하다. 그 문제에 대해 좋은 질문을 몇 가지 더 준비한다면 당신은 상사의 동지이자 전우로 거듭날 것이다.

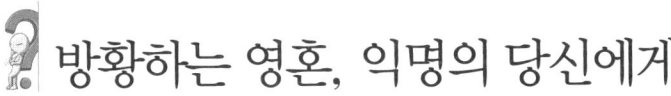 방황하는 영혼, 익명의 당신에게

집단의 조화를 중시하던 우리나라도 요즘은 개인 중심적으로 변하고 있다. 1990년대만 해도 대학교 앞에 즐비하던 하숙집이 이제는 원룸으로 탈바꿈한 지 오래다. 한 사람이 먹을 만큼만 포장된 식자재 상품도 많고, 혼자서 밥을 먹는 1인 식당도 늘고 있다. 1인 기업을 차리면 사업도 혼자 할 수 있고, 집에서 온라인 강의를 들으면 대학 졸업장도 받을 수 있다. 이처럼 '개인'이라는 가치가 사회의 중심에 자리 잡은 것이다.

디지털 유목민이란 말처럼 우리는 어디에도 구애받지 않고 자유롭게 떠돌 수 있는 시대에 살고 있다. 가상 세계가 우리에게 주는 혜택도 바로 이런 것이다. 그러나 이러한 현상의 이면을 놓쳐서는 안 된다. 우리는 방 안에 틀어박혀서, 혹은 혼자 밥을 먹으면서도 끊임없이 모임을 만들고 가상 세계에서 친구를 만난다. 어떤 사안에 대해서는 의견을 나누고 격렬히 토론도 한다. 게다가 끝없이 자신의 소식을 알리며 누군가 댓글을 달고 관심을 보여주길 바란다. 독립된 개인을 중시하면서도 소속감과 인정받고자 하는 욕구는 매우 높다는 말이다.

이렇게 가상 세계에서 살아가는 사람들은 모든 관계의 중심에 자기 자신을 놓는다. 가상 세계에서는 쉽게 관계를 끊을 수 있기 때문에 누구의 눈치도 볼 필요가 없다. 이곳에서는 사람들이 불같이 뭉쳤다가 얼음같이 깨진다.

가상 세계에서는 댓글 수, 조회 수, 추천 수가 마치 지위나 연봉, 성격이나 인품을 대변하거나 하는 것처럼 여겨진다. 실제 블로그 마케팅 같은 영역에서는 대중의 인지도가 블로그 주인의 연봉을 결정하기도 한다.

그러나 가상 세계는 진짜가 아니라는 사실을 직시해야 한다. 진짜 세계는 악수를 나누고 얼굴을 마주 보며 대화하는 현실이다. 불편해도 만나야 하며, 싫은 소리도 참고 들어야 하는 것이 우리가 사는 진짜 세계인 것이다.

그런데 요즘 젊은이들은 육체에서 영혼을 분리한 뒤 가상 세계에 남겨둔 채 진짜 세계에는 껍데기만 들고 나서는 것 같다. 이들은 자신이 무엇을 잘하는지, 성격이나 적성은 어떤지, 어떤 전공을 택해야 하는지, 어디에 취업을 해야 하는지 등 인생에서 가장 중요한 사항조차 일면식도 없는 가상 세계의 아바타들에게 물어보곤 한다.

이런 사람들이 접근해오면 가상 세계의 아바타가 아닌 진짜 사람을 만나라고, 편리함으로 유혹하는 모니터에 넋을 빼앗기지 말고 당신의 모습이 비치는 사람의 눈을 바라보라고, 아무것도 모르는 익명의 사람들에게 기대지 말라고 이야기해주어야 한다. 풍요로운 영혼을 가질 수 있도록 이들에게 건넬 만한 질문 두 가지를 소개한다.

당신은 뭐라고 답할 겁니까?

솔직히 가장 먼저 해주고 싶은 말은 시간을 낭비하지 말라는 것이다. 여기에서 지적하는 행동은 잘 아는 사람과의 문자 또는 메일 교환이 아니다. 오프라인에서의 관계를 바탕으로 디지털 기기를 이용하는 경우는 편의에 따른 것일 뿐이다.

문제는 적성, 성격, 진로와 같이 중요한 질문을 인터넷 포털이나 인터넷 카페에 올려 답을 구하는 행동이다. 자신에게 정말 중요한 문제라면 이런 식으로 답을 구하는 것이 과연 옳은지 자문해야 한다. 그런 이들에게는 이렇게 물어보라.

"당신이 이런 질문을 받으면 당신은 뭐라고 답할 겁니까?"

진심을 다해 자신의 일처럼 고민해서 답할까, 현명하게 결정하도록 앞뒤 따져보고 도와줄까, 아니면 자신의 미천한 경험을 소개하고 말까?

자신에 대해 잘 모르는 익명의 유목민에게 기대할 것이 없다는 사실은 분명하다. 자신이 다른 사람에게 그다지 관심이 없는 것처럼 다른 사람들도 그러하다는 것을 깨닫게 해주어야 한다.

왜 직접 물어보지 않습니까?

언제부턴가 통화 기피증이 생겼다. 이상하게도 전화 통화가 싫어졌다. 잘 모르는 번호는 물론이고, 오랜만에 걸려 온 친구의 전화, 업무상 연락해야 하는 관계자까지 목소리를 들으며 통화하는 것이 싫어졌다. 차라리 문자를 보내고 메일을 보내는 편이 훨씬 마음 편했다.

처음에는 상대를 배려하느라 문자나 메일을 보냈다. 한참 집중해야 할 업무 시간에 전화를 받다가 시간을 보낸 경험이 있어서, 상대방을 전화로 방해하고 싶지는 않았다. 그 대안이 문자였고 메일이었다. 편한 시간에 확인하고 답하면 되니 말이다.

그러던 어느 날, 한참 잘못 생각하고 있다는 것을 깨닫게 되었다. 간단히 확인할 것이 있어서 담당자에게 문자를 보냈는데, 문자를 받은 그는 곧바로 전화를 걸어서 "뭐 이런 걸 귀찮게 문자로 해? 전화하면 바로 알 수 있는데"라고 말했다. 그날 이후로 웬만한 일은 전화를 걸어 안부를 묻고 업무를 본다.

게다가 문자나 메일이 전할 수 없는 것이 있다. 그것은 목소리가 지닌 아날로그적인 감성이다. 목소리에는 오르내림이 있고, 떨림과 같은 진동이 있다. 크고 작음이 있으며 만족, 실망, 불평도 정확히 담겨 있다.

일반적인 상황에서 얼굴을 맞대고 대화할 수 없다면 그다음으로 좋은 방법은 전화다. 얼굴 보고 대화하거나 전화하기가 어렵다면, 마지막에 선택하는 방법이 문자와 메일인 것이다. 상황에 따라 선택해야 하는 경우도 있지만, 문자와 메일, 인터넷 게시물이 모든 의사소통을 대체할 수 있다고 생각해서는 안 된다.

    그러니 익명의 디지털 유목민에게는 "당신이 가진 문제를 도와줄 수 있는 사람에게 왜 직접 물어보지 않습니까?"라고 물어야 한다.

    물론 그 나름의 이유와 핑계가 있을 것이다. 그러나 정말 자신의 문제가 중요하다고 생각한다면 누구든 자신을 아는 사람을 직접 만나서 물어보고, 그 대화에서 답을 찾아야 한다.

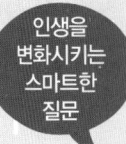
인생을 변화시키는 스마트한 질문

반드시 버려야 할 일

현재 자신을 힘들게 하고, 신경 쓰이게 하며, 에너지를 소모시키는, 또는 많은 시간을 잡아먹는 일 10가지를 써보자. 필요하다면 아래의 내용을 참고해도 좋다.

- 지루한 선배와의 티타임
- 2주에 1번 이발하기
- 양복 입고 출근하기
- 자동차 시트 청소
- 화장실 청소
- 상사 눈치 보며 퇴근 시간 맞추기
- 욕실 타일 사이의 곰팡이 제거
- 빼빼로데이에 빼빼로 선물하기
- 신용카드 결제 대금 납부
- 재활용 쓰레기 버리기

1. _____
2. _____
3. _____
4. _____
5. _____
6. _____
7. _____
8. _____
9. _____
10. _____

위의 답변 중 아래의 질문에 해당하는 5개만 골라서 다시 써보자.

> - 어떤 일이 없어진다면 가장 가슴이 뛸까?
> - 미래를 생각했을 때 하지 않아도 될 일은 무엇인가?
> - 여태껏 즐거웠던 적이 한 번도 없었던 일은 무엇인가?
> - 일을 하지 않음으로써 돌아올 책임을 감당할 수 있는가?

1. _____
2. _____
3. _____
4. _____
5. _____

위의 답변 중 아래의 질문에 해당하는 1개만 골라서 다시 써보자.

> - 없어졌을 때 가장 속 시원할 것 같은 일은 무엇인가?
> - 돌아오게 될 책임보다 속 시원함이 더 큰 일은 무엇인가?

_____

위에 쓴 이 일은 지금 바로 중단하자. 당장 멈춰도 큰 피해는 없을 것이다. 오히려 긍정적인 변화의 출발점이 될 것이다.

맺는 말

질문하라, 질문은 공짜다

오늘 당신은 어떤 질문을 했는가? 자신을 알기 위해 던진 질문이 있었는가? 진짜 마음을 알기 위해 무엇을 물어보았는가? 24시간, 365일 붙어 다닌다고 해서 당신의 뇌가 당신을 잘 알 것으로 생각하면 오산이다. 당신의 뇌는 지독하게 게으르기 때문이다.

당연한 이야기이지만, 당신은 언제나 뇌와 함께 살아왔다. 지금 서른 살이라면 26만 2,800시간을, 마흔이라면 무려 35만 시간을 함께한 셈이다. 그런데 1시간마다 자신에 대해 한 문장씩 썼다고 해보자. 잠자는 시간을 빼고 하루 16시간씩 365일을 곱하면 5,840시간, 즉 1년에 5,840줄의 글을 쓸 수 있다. 5,840줄이면 23행으로 된 250쪽짜리 책 1권 분량이다. 1년에 책 1권을 쓸 정도라는 말이다. 이보다 자신을 더 자세하게 알 수 있는 방법이 있을까?

1시간에 하나의 질문이면, 나이 30세에 수십 권의 책에 해당하는 양만큼 자신을 잘 알 수 있다. 질문을 끝없이 던졌다면 나이에 관계없이 자신을 잘 설명할 수 있어야 한다는 뜻이기도 하다. 그런데 과연 그런가?

필자 역시 전문가들이 만들어 놓은 도구를 통해 자신을 알아내려 애썼다. 그러나 정작 답은 내 안에 있다는 것을 몰랐다. 얼마 전부터 자신을 알아가는 방법으로 질문을 활용하고 있다. 오래되진 않았지만, 자신을 알아가는 데 더없이 좋다고 생각한다. 이 방법으로 수십 년 동안 찾지 못했던 적성과 진로도 반드시 찾을 수 있을 것이다.

"물어보는 사람은 5분만 바보가 된다. 그러나 묻지 않는 사람은 영원히 바보로 남는다."

질문의 중요성을 일깨워주는 중국 속담이다. 영원히 바보로 남고 싶다면 지금까지 해왔던 대로 입을 꾹 다문 채 살면 된다. 그러나 좀 더 나은 삶을 살고 싶다면 가장 쉬운 방법은 질문을 하는 것이다. 돈이 들지도 않는다. 질문은 공짜니까.

남이 이끄는 대로만 살았는가? 질문을 던져라. 마음이 속살을 보이도록 스스로에게 물어라. 또한 상대방이 답변하도록 질문을 던져라. 이제 당신의 삶은 당신이 이끄는 것이다. 대인관계에서도 질문을 통해 주도권을 행사할 수 있다. 거부할 수 없는 강력한 질문으로 삶의 주도권을 잡아라.

동료, 부하, 상사가 도무지 무슨 생각을 하는지 알 수 없다면 질문하라. 생각을 주고받다 보면 새로운 아이디어와 해결책이 떠오를 것이다. "당신의 생각은 어때요?"라고 묻는 것만으로도 의사소통에 재미가 생길 것이다. 서로의 생각을 주고받는 관계만큼 좋은 인간관계도 없다.

뉴턴이나 아인슈타인이 특별한 천재라고 생각하는가? 이들은 다만 더 많은 질문, 남들이 하지 않은 질문을 던졌을 뿐이다. 이 세상에는 아직까지 밝혀지지 않은 것이 많다. 모르는 것투성이다. 질문하라. 새로운 것을 발견할 수 있다.

질문은 공짜이지만 수많은 가치를 안겨줄 것이다. 이제, 질문을 시작해보자.

부록

내게 멘토가 되어줄 책
나를 변화시키는 스마트한 질문

| 나를 변화시키는 스마트한 질문 |

1. 나는 어떤 사람에게 끌리는가?
2. 남들에게 나는 어떤 사람인가?
3. 나를 색깔로 표현한다면?
4. 평소 주로 하는 운동은?
5. 첫눈에 반하는 사람, 볼수록 정이 드는 사람 중 당신은 어떤 이성을 선택하겠는가?
6. 스스로 생각하는 나, 타인이 생각하는 나의 큰 차이점은 무엇인가?
7. 자신만의 스트레스 해소법은?
8. 지금까지 살면서 잊어버리고 싶은 기억이 있는가?
9. 잠이 안 올 때는 어떻게 하는가?
10. 학창 시절 가장 기억에 남는 일은?
11. 가슴에 남는 장소 또는 전경은?
12. 내일 죽는다면 꼭 하고 싶은 일은 무엇인가?
13. 자살하려는 사람에게 한마디 해준다면?
14. 화장실에 앉아서 주로 무슨 생각을 하는가?
15. 아침에 거울을 볼 때 주로 무슨 생각이 드는가?
16. 1만 원으로 하루를 보내라고 한다면 어떻게 보내겠는가?

17. 만약 당신이 내일 출산한다면?
18. 당신 앞에 모든 것을 대답해줄 수 있는 사람이 있다. 어떤 질문을 가장 먼저 하겠는가?
19. 추천하고 싶은 책 또는 영화는?
20. 추천하고 싶은 웹사이트가 있는가?

21. 당신이 가장 즐겨 찾는 웹사이트는 어디인가?
22. 지금 당신의 인생에 만족하는가?
23. 다섯 글자로 자신을 표현한다면?
24. 언제 내가 ○○였으면 하는가?
25. 가장 최근에 울어본 일이 있는가?
26. 신체 중 가장 자신 있는 부분은?
27. 미래의 자식들에게 한마디 한다면?
28. 즐겨 쓰는 이모티콘이 있는가?
29. 지금까지 살아오면서 들은 가장 느끼한 말은 무엇인가?
30. 치킨을 먹을 때 당신은?
    ① 다리나 날개 부분만 골라 먹는다.
    ② 양 많은 몸통 부분(살이 많은 부분)만 먹는다.

31. 3가지 소원을 이룰 수 있다면 어떤 소원을 말하겠는가?
32. 3명만 복제인간을 만든다면 누구를 복제하고 싶은가?
33. 당신에게 꼭 있어야 되는 것은 어떤 것인가?
34. 살면서 해본 가장 큰 거짓말은 어떤 것인가?
35. 자신과 가장 비슷한 이미지의 동물이 있다면?
36. 자신의 목소리가 마음에 드는가?
37. 가장 받기 싫은 선물은?
38. 백수인 소크라테스. 악처로 소문난 소크라테스의 아내 중 더 불쌍한 사람

은 누구일까?
39. 슬플 때 슬픈 음악을 들으면 기분이 좋아지는가, 더 슬퍼지는가?
40. 신의 존재를 믿는가?
41. 비오는 날 우산 없이 걷는 사람들을 보면 드는 생각은?
42. 당신은 항상 웃고 있는 이성이 좋은가? 아니면 슬픈 듯 분위기 있는 이성이 좋은가?
43. 'TV는 사랑을 싣고'에 출연한다면 누구를 찾겠는가?
44. 투명인간이 된다면 당신은 어디를 가겠는가?
45. 보는 것, 듣는 것, 말하는 것 중 하나를 포기해야 한다면?
46. 가장 외롭다고 생각될 때는?
47. 약속했을 때 상대를 몇 분까지 기다릴 수 있는가?
48. 누군가를 칭찬해야 한다면 누구를 칭찬하겠는가?
49. 지금 당신의 기분은?
50. 인생의 좌우명은 무엇인가?

51. 지금, 하루 종일 놀 수 있다면 무엇을 하고 놀 것인가?
52. 여행을 할 때 버스, 기차, 비행기, 도보 중 어떤 방법을 가장 선호하는가?
53. 당장 여행을 떠난다면 어디로 가고 싶은가?
54. 가장 기억에 남은 여행은?
55. 돌잔치 때 내가 잡은 것은?
56. 타임머신이 있다면 언제로 돌아가고 싶은가?
57. 평소 자주 가는 장소는 어디인가?
58. 지금 좋아하는 일을 하고 있는가?
59. 지금 내가 하고 있는 일을 나의 아들, 딸이 하겠다고 하면 당신은 어떻게 하겠는가?
60. 인생에서 가장 소중한 3가지는?

61. 올해의 목표 3가지를 정한다면?
62. 내가 만약 6개월밖에 살지 못한다면 무엇을 하고 싶은가?
63. 제일 닮고 싶지 않은 사람은 누구인가?
64. 겁이 나서 하지 못한 일이 있는가?
65. 나에게 1억 원이 생긴다면 먼저 무엇을 하고 싶은가?
66. 지금까지 살면서 가장 행복했던 기억은?
67. 사람들에게서 가장 많이 받는 질문은?
68. 가장 존경하는 사람은 누구인가?
69. 나의 최고의 장점은?
70. 무인도에 간다면 필요한 것 3가지는?

| 멘토가 되어줄 책 |

1. 목표를 수립할 때
- 『스티브 잡스』, 월터 아이작슨, 안진환 역, 민음사
- 『청소부 밥』, 토드 홉킨스, 레이 힐버트, 신윤경 역, 위즈덤 하우스
- 『꿈이 나에게 묻는 열 가지 질문』, 존 맥스웰, 이애리 역, 비즈니스맵
- 『잭 웰치, 위대한 승리』, 잭 웰치, 수지 웰치, 김주현 역, 청림출판
- 『모리와 함께한 화요일』, 미치 앨봄, 공경희 역, 세종서적
- 『내 아들아 너는 인생을 이렇게 살아라』, 필립 체스터필드, 권오갑 역, 을유문화사
- 『목적이 이끄는 삶』, 릭 워렌, 고성삼 역, 디모데
- 『자기로부터의 혁명』, 지두 크리슈나무르티, 권동수 역, 범우사
- 『기꺼이 길을 잃어라』, 로버트 커슨, 김희진 역, 열음사
- 『30년만의 휴식』, 이무석, 비전과 리더십

2. 대인관계로 힘들 때
- 『나는 무적의 회사원이다』, 손성곤, 한빛비즈
- 『상처받을 용기』, 이승민, 위즈덤하우스
- 『오늘도 출근하는 당신에게』, 박진석, 레몬북스
- 『카네기 인간관계론』, 데일 카네기, 최염순 역, 씨앗을 뿌리는 사람
- 『결정적 순간의 대화』, 케리 패터슨, 김경석, 김선준 역, 김영사
- 『유쾌하게 자극하라』, 고현숙, 올림
- 『거짓말을 읽는 완벽한 기술』, 잭 내셔, 송경은 역, 타임북스

- 『감사의 힘』, 데보라 노빌, 김용남 역, 위즈덤 하우스
- 『배려』, 한상복, 위즈덤하우스
- 『사람들이 나를 신뢰하게 만드는 7가지 비결』, 존 더글라스, 최유리 역, 함께

3. 공부가 힘들 때
- 『다산 선생 지식 경영법』, 정민, 김영사
- 『교실 혁명』, 페에 치쉬, 이동용 역, 리좀
- 『공부하는 인간, 호모 아카데미쿠스』, KBS 공부하는 인간 제작팀, 예담
- 『공부하는 힘』, 황농문, 위즈덤하우스
- 『최고의 공부』, 켄 베인, 이영아 역, 와이즈베리
- 『하버드 새벽 4시 반』, 웨이슈잉, 이정은 역, 라이스메이커
- 『학문의 즐거움』, 히로나카 헤이스케, 방승양 역, 김영사
- 『공부하는 독종이 살아남는다』, 이시형, 중앙북스
- 『통섭』, 에드워드 윌슨, 최재천, 장대익 역, 사이언스북스
- 『배움의 의미』, 김성길, 학지사

4. 감성을 일깨우고 싶을 때
- 『상실의 시대』, 무라카미 하루키, 유유정 역, 문학사상
- 『잘 가라, 서커스』, 천운영, 문학 동네
- 『사랑 후에 오는 것들』, 공지영, 소담출판사
- 『연을 쫓는 아이』, 할레드 호세이니, 왕은철 역, 현대문학
- 『1Q84』, 무라카미 하루키, 양윤옥 역, 문학동네
- 『끌림』, 이병률, 랜덤하우스
- 『두근두근 내 인생』, 김애란, 창비
- 『우아한 거짓말』, 김려령, 창비
- 『남한산성』, 김훈, 학고재
- 『마지막 강의』, 랜디 포시, 제프리 재슬로, 심은우 역, 살림출판사

5. 전략과 통찰이 필요할 때

- 『뉴스의 시대』, 알랭 드 보통, 최민우 역, 문학 동네
- 『인간 본성에 대하여』, 에드워드 윌슨, 이한음 역, 사이언스북스
- 『프로페셔널의 조건』, 피터 드러커, 이재규 역, 청림출판
- 『국화와 칼』, 루스 베네딕트, 노재명 역, 북라인
- 『눈먼 자들의 도시』, 주제 사마라구, 정영목 역, 해냄
- 『자조론』, 새무얼 스마일즈, 김유신 역, 21세기북스
- 『기브 앤 테이크』, 애덤 그랜트, 윤태준 역, 생각연구소
- 『생각의 탄생』, 로버트 루스번스타인, 미셸 루스번스타인, 박종성 역, 에코의 서재
- 『우주의 구조』, 브라이언 그린, 박병철 역, 승산
- 『아웃라이어』, 말콤 글래드웰, 노정태 역, 김영사

6. 기대했던 결과를 얻지 못했을 때

- 『페르마의 마지막 정리』, 사이먼 싱, 박병철 역, 영림카디널
- 『거센 파도는 1등 항해사를 만든다』, 새뮤얼 스마일즈, 은영미 역, 나라원
- 『모나리자 미소의 법칙』, 에드 디너, 로버트 비스워스, 오혜경 역, 21세기북스
- 『디팩 초프라의 완전한 행복』, 디팩 초프라, 이상춘 역, 한문화
- 『영혼을 위한 닭고기 수프』, 잭 캔필드, 마크 빅터 한센, 류시화 역, 푸른숲
- 『지금 행복해야 행복한 거야』, 손기원, 지혜미디어
- 『해피노믹스』, 신동기, 엘도라도
- 『행복에 걸려 비틀거리다』, 대니얼 길버트, 서은국, 최인철, 김미정 역, 김영사
- 『행동하는 낙관주의자』, 수잔 세거스트롬, 오현미 역, 비전과 리더십
- 『자존감』, 이무석, 비전과 리더십

7. 성찰과 반성이 필요할 때

- 『실패에서 무엇을 배울까』, 사토 지에, 김정환 역, 21세기북스
- 『월든』, 헨리 데이비드 소로우, 강승영 역, 은행나무
- 『아는 것으로부터의 자유』, 지두 크리슈나무르티, 정현종 역, 물병자리
- 『습관의 힘』, 찰스 두히그, 강주헌 역, 갤리온
- 『수레바퀴 아래서』, 헤르만 헤세, 김이섭 역, 민음사
- 『에센셜리즘』, 그렉 맥커, 김원호 역, RHK
- 『아주 오래된 농담』, 박완서, 실천문학사
- 『읽어야 산다』, 정회일, 생각정원
- 『고민하는 힘』, 강상중, 이경덕 역, 사계절
- 『선택의 심리학』, 베리 슈워츠, 형선호 역, 웅진지식하우스

8. 남다른 관점이 필요할 때

- 『죽음이란 무엇인가』, 셸리 케이건, 박세연 역, 엘도라도
- 『원 퀘스천』, 켄 콜먼, 김정한 역, 홍익출판사
- 『이카루스 이야기』, 세스 고딘, 박세연 역, 한국경제신문사
- 『디퍼런트』, 문영미, 박세연 역, 살림Biz
- 『콰이어트』, 수전 케인, 김우열 역, RHK
- 『다윗과 골리앗』, 말콤 글래드웰, 선대인 역, 21세기북스
- 『디지로그』, 이어령, 생각의 나무
- 『낯선 곳에서 나를 만나다』, 한국문화인류학회, 일조각
- 『생각하라, 생각은 공짜다』, 호아퀸 로렌테, 이광일 역, 호랑나비
- 『나는 도서관에서 기적을 만났다』, 김병완, 아템포

참/고/문/헌

- 월터 아이작슨(안진환 역), 『스티브 잡스』, 민음사
- 앤드루 소벨, 제럴드 파나스(안진환 역), 『질문이 답을 바꾼다』, 어크로스
- 김난도, 『아프니까 청춘이다』, 쌤앤파커스
- KBS 공부하는 인간 제작팀, 『공부하는 인간, 호모 아카데미쿠스』, 예담
- 이규성, 『당신은 지금 무엇을 생각하는가』, 라이온북스
- 토드 홉킨스, 레이 힐버트(신윤경 역), 『청소부 밥』, 위즈덤 하우스
- 짐 콜린스(이무열 역), 『좋은 기업에서 위대한 기업으로』, 김영사
- 류랑도, 『첫 번째 질문』, 에이트포인트
- 게리 켈러, 제이 파파산(구세희 역), 『원씽』, 비즈니스북스
- 리처드 브로니(노지양 역), 『나는 그럭저럭 살지 않기로 했다』, 흐름출판
- 세스 고딘(윤영삼 역), 『린치핀』, 21세기북스
- 호아퀸 로렌테(이광일 역), 『생각하라, 생각은 공짜다』, 호랑나비
- 요코야마 타로(홍성민 역), 『위대한 리더의 위대한 질문』, 예인
- 이재규, 『무엇이 당신을 만드는가』, 위즈덤하우스
- 켄 콜먼(김정한 역), 『원 퀘스천』, 홍익출판사
- 도쓰카 다카마사(김대환 역), 『세계 최고의 인재들은 왜 기본에 집중할까』, 비즈니스북스
- 존 맥스웰(이애리 역), 『꿈이 나에게 묻는 열 가지 질문』, 비즈니스맵
- 세스 고딘(박세연 역), 『이카루스 이야기』, 한국경제신문사
- 전영민, 『어떻게 일하며 성장할 것인가』, 클라우드나인
- 미치 앨봄(공경희 역), 『모리와 함께한 화요일』, 세종서적
- 다니하라 마코토(노경아 역), 『결정적 질문』, 인사이트앤뷰

- 조선일보 위클리비즈팀, 『더 인터뷰』, 21세기북스
- 말콤 글래드웰(선대인 역), 『다윗과 골리앗』, 21세기북스
- 짐 콜린스(김명철 역), 『위대한 기업은 다 어디로 갔을까』, 김영사
- 그렉 맥커운(김원호 역), 『에센셜리즘』, RHK
- 최은영, 『켄터키 할아버지 커넬 샌더스의 1008번의 실패, 1009번째의 성공』, 넥서스Biz
- 제리 하비(황상민 역), 『왜 아무도 No라고 말하지 않는가』, 크레듀
- 폴 에겐, 돈 코착(신종호 등 역), 『교육심리학』, 학지사
- 재레드 다이아몬드(김진준 역), 『총, 균, 쇠』, 문학사상
- 문영미(박세연 역), 『디퍼런트』, 살림Biz
- 곤도 마리에(홍성민 역), 『인생이 빛나는 정리의 마법』, 더난출판사
- 김윤진, 『세상이 당신의 드라마다』, 해냄
- 오헌석, 최지영, 최윤미, 권귀헌, 『세계를 이끄는 한국 최고의 과학자들』, 서울대학교출판부
- 테레사 에머빌, 스티븐 크레이머(윤제원 역), 『전진의 법칙』, 정혜
- 마크 고울스톤(황혜숙 역), 『뱀의 뇌에게 말을 걸지 마라』, 타임비즈